James C. Radcliffe/
Robert C. Farentinos

Sprungkrafttraining
Übungen für alle Sportarten

W0195965

Unseren Eltern gewidmet für ihre stets bereitwillige Unterstützung und Ermutigung

James C. Radcliffe/
Robert C. Farentinos

Sprungkrafttraining
Übungen für alle Sportarten

Meyer & Meyer Verlag

Originaltitel:
"Plyometrics - Explosive Power Training"
James C. Radcliffe/Robert C. Farentinos
© 1985 Human Kinetics Publishers, Inc.,
Champaign, IL., USA

Übersetzung: Jürgen Schiffer, Erftstadt-Friesheim

Die Deutsche Bibliothek – CIP-Einheitsaufnahme

Radcliffe, James C.:
Sprungkrafttraining : Übungen für alle Sportarten /
James C. Radcliffe ; Robert C. Farentinos.
[Übers. Jürgen Schiffer ; Erftstadt-Friesheim].-
4. Auflage – Aachen : Meyer und Meyer, 1999
Einheitssacht.: Plyometrics <dt.>
ISBN 3-89124-083-X
NE: Farentinos, Robert.:; HST

© 1990 by Meyer & Meyer Verlag, Aachen
Olten (CH), Wien, Oxford,
Québec, Lansing/ Michigan, Adelaide, Auckland, Johannesburg
2., unveränderte Auflage 1991
3. Auflage 1997
4. Auflage 1999
Foto Titelseite: Bongarts Sportfotografie GmbH, Hamburg
Umschlaggestaltung: Walter J. Neumann, N&N Design-Studio, Aachen
Umschlagbelichtung: frw, Reiner Wahlen, Aachen
Satz: Times New Roman / Fotosatz + EDV-Bürosatz J. Velz KG, Aachen
Druck: Burg Verlag Gastinger GmbH, Stolberg
Printed in Germany
e-mail: verlag@meyer-meyer-sports.com
ISBN 3-89124-083-X

Inhaltsverzeichnis

Vorwort

Im Verlauf der letzten zwei Jahre haben wir mit einer großen Anzahl von Leistungs- und Fitneßsportlern ein umfangreiches plyometrisches Trainingsprogramm absolviert. Zu unseren Versuchspersonen gehörten Profi-Football-spieler, Skiangläufer (unter ihnen zwei Teilnehmer an den Olympischen Winterspielen 1984), Marathon- und Bergläufer, Gewichtheber, Basketballspieler, junge Athleten wie ältere Fitneßenthusiasten. Unter diesen Sportlern waren und sind auch viele Mitglieder von *Farentinos Gym*, einem Trainings- und Fitneßzentrum, das wir in Boulder/Colorado betreiben.

Jim Radcliffe blickt auf eine nahezu zehnjährige Erfahrung mit plyometrischem Training zurück. Die meisten der in diesem Buch vorgestellten Übungen wurden von ihm entwickelt. Sie sind das Ergebnis umfangreicher Forschungs- und Coachingarbeit im plyometrischen Bereich. Dieses Buch ist im Grunde sogar die direkte Fortsetzung von Jims im Jahr 1983 erschienenen erstem Buch *Plyometrics Methods Notebook*.

Bob Farentinos, ein ehemaliger Wettkampfgewichtheber, ist jetzt Mitglied der amerikanischen Skilanglaufmannschaft. In diesem Buch wendet Bob seine umfangreichen Anatomie- und Biologiekenntnisse auf das plyometrische Training an. Umgekehrt schöpft er bei seinem Skilanglauftraining aus seinen Kenntnissen des plyometrischen Trainings.

Wir haben dieses Buch für Trainer und Athleten geschrieben, die mehr über Plyometrie erfahren und wissen wollen, wie sie diese dynamische Trainingsmethode auf spezifische Sportarten anwenden können.

Wir sind überzeugte Anhänger des plyometrischen Trainings, wenden es täglich in unseren eigenen Trainingseinheiten an und beziehen es in die Planung und Durchführung des Trainings unserer Athleten ein. Wir haben die gesamte uns zugängliche wissenschaftliche Literatur zur Plyometrie gesichtet und stellen in diesem Buch die in diesen Quellen vorhandenen Erkenntnisse zusammen mit unseren eigenen Erfahrungen vor. Wir verfolgen in diesem Buch das Ziel, einen systematischeren und umfassenderen Überblick über plyometrisches Training zu geben, als dies in der bislang vorliegenden Literatur der Fall ist. Dieses Buch ist als praktischer Ratgeber gedacht.

Das Buch besteht aus drei Teilen. In Teil I wird Plyometrie definiert. Ferner wird ein Überblick über die geschichtliche Entwicklung des plyometrischen Trainings gegeben, und die der Wirkung des plyometrischen Trainings zugrundeliegenden Prinzipien werden vorgestellt. In Teil II erfahren Sie, wie plyometrisches Training zur Optimierung entscheidender Bewegungsabläufe im Sport beiträgt. In Teil II werden außerdem die Grundsätze der Durchführung plyometrischer Übungen vorgestellt. In Teil III werden 40 plyometrische Übungen, die zur Verbesserung spezifischer sportlicher Aktivitäten eingesetzt werden können, beschrieben und bildlich dargestellt. Im Anhang finden Sie eine eher wissenschaftlich ausgerichtete Abhandlung über die physiologischen Grundlagen des plyometrischen Trainings.

In diesem Buch finden Sie des weiteren Informationen zur Überprüfung und Anwendung plyometrischer Techniken. Anstelle von Photographien werden zur besseren Illustration der plyometrischen Übungen Umrißzeichnungen verwendet, die auf der Basis von Photosequenzen angefertigt wurden.

Wir möchten an dieser Stelle einer Reihe von Personen danken, die uns beim Schreiben dieses Buches geholfen haben: an erster Stelle allen Mitgliedern von *Farentinos Gym*, die so bereitwillig ihre plyometrischen Übungen absolvierten, und allen Trainern – vor allem Mike Lopez –, die jahrelang mit Jim Radcliffe zusammengearbeitet haben und seinen Ausführungen zum Sinn und Nutzen des plyometrischen Trainings zuhörten. Des weiteren wurde uns wertvolle Hilfe zuteil von Greg Bezer, Harvey Newton, Ed Burke, Don Nielsen, Audun Endestad, Pat Ahern, Dave Felkley, Dan Allen, Steve Ilg, John Tansley, Rick Johnson, I.J. Gorman, Steven Farentinos u.a.

Die persönlichen und beruflichen Kontakte, die die Arbeit an diesem Buch mit sich brachte, haben uns sehr viel Freude gemacht, und wir hoffen, daß es uns auf irgendeine Weise gelungen ist, das uns zuteil gewordene Entgegenkommen zu erwidern.

James C. Radcliffe
und Robert C. Farentinos
Boulder, Colorado

TEIL I
Was versteht man unter Plyometrie?

Plyometrie ist eine Methode zur Entwicklung der Explosivkraft, die eine wichtige Komponente der meisten sportlichen Leistungen ist. Die Praxis der Plyometrie ist relativ einfach zu lehren und zu lernen. Darüber hinaus setzt diese Trainingsart den Körper geringeren Belastungen aus als Kraft- oder Ausdauertraining. Plyometrie ist zur Zeit auf dem besten Weg, ein Teil des Gesamttrainingsprogramms vieler Sportarten zu werden. Aus physiologischer Sicht stellt Plyometrie in mancher Hinsicht ein Rätsel dar. Praktische Erfahrungen stützen den Wert dieser Trainingsmethode, dennoch wissen wir nicht genau, wie Plyometrie eigentlich funktioniert. Obwohl einige Prozesse, die der Plyometrie zugrundeliegen, bekannt sind, ist dieser Bereich bislang in großen Teilen nur unzureichend erforscht.

In Teil I erfahren Sie, was Plyometrie bedeutet. Darüber hinaus erfahren Sie einiges über die Geschichte der Plyometrie. Schließlich werden Sie über die grundlegenden Prinzipien des plyometrischen Trainings informiert.

Kapitel 1
Was sind plyometrische Übungen?

Eine Definition der Plyometrie

Seit der Zeit der alten Griechen haben Trainer und Athleten nach Methoden und Techniken zur Verbesserung von Schnelligkeit und Kraft gesucht. Die Kombination von Schnelligkeit und Kraft ist Schnellkraft, und Schnellkraft spielt bei den meisten sportlichen Fertigkeiten eine entscheidende Rolle, gleichgültig, ob es sich um den Aufschlag beim Tennis oder das Gewichtheben handelt. Obwohl spezifische Übungen, die schnelle, explosive Bewegungen verbessern, schon seit längerem im Training gelehrt werden, ist erst in den letzten zehn Jahren ein Trainingssystem entwickelt worden, in dessen Mittelpunkt das „explosiv-reaktive" Schnellkrafttraining steht. Diesem neuen System des sportlichen Trainings wurde die Bezeichnung *Plyometrie* gegeben.

Der Ursprung des Begriffs *Plyometrie* ist der griechische Begriff „plythyein", was soviel wie steigern oder erhöhen bedeutet, bzw. es sind die Grundbegriffe

„plio" und „metric", die „mehr" und „messen" bedeuten (Chu, 1983; Gambetta, 1981; Wilt & Ecker, 1970). Heute werden unter Plyometrie Übungen verstanden, die durch schnellkräftige Muskelkontraktionen als Reaktion auf schnelle, dynamische Belastungen oder Dehnung der involvierten Muskeln charakterisiert sind.

Plyometrische Übungen werden in zahlreichen Sportarten durchgeführt, bei denen Schnellkaft wichtig ist. Denken Sie z.B. an den Football-Linienspieler, der sich aus der Grundstellung löst, den Volleyballspieler, der weit über Netzhöhe springt, um den gegnerischen Return zu blocken, den Hochspringer im Moment des Absprungs und den Baseball-Schlagmann, der zum Schlag ausholt. Der Basketballspieler, der den Ball wirft und unmittelbar darauf erneut hochspringt, um den Rebound zu sichern oder den Ball in den Korb zu tippen, profitiert von plyometrischen Übungen. Der Turmspringer, der beim Absprung mehr Höhe gewinnen muß, kann seine Leistung ebenfalls durch plyometrisches Training verbessern. Der Tennisspieler oder der Baseball-Außenspieler, der sich schneller zum Ball bewegen muß, um das Spiel zu machen, kann ebenfalls vom plyometrischen Training profitieren. Die Leistungen in den meisten Sportarten können optimiert werden, wenn Sportler über eine bessere Schnellkraft verfügen. Plyometrie ist eine der besten Methoden zur Entwicklung der Schnellkraft für den Sport.

Geschichte der Plyometrie

Die moderne Geschichte des plyometrischen Trainings ist kurz. Der Einfluß der Plyometrie und ihre Anerkennung als eine sinnvolle Methode zur Verbesserung der Explosivkraft rühren hauptsächlich von den leichtathletischen Erfolgen der Sowjetrussen und der Sportler der osteuropäischen Staaten in der Mitte der sechziger Jahre her. Ein früher Verfechter des plyometrischen Trainings war Yuri Veroshanski, der russische Trainer, dessen Erfolge mit Springern legendär sind. Veroshanski experimentierte 1967 mit Tiefsprüngen und der Schockmethode als plyometrische Techniken zur Steigerung der reaktiven Fähigkeiten der Sportler. Ein wichtiger Aspekt von Veroshanskis Konzeptualisierung der Plyometrie war seine Meinung, daß das plyometrische Training dazu beiträgt, das gesamte neuromuskuläre System und nicht nur allein das kontraktile Gewebe auf schnellkräftige Bewegungen vorzubereiten.

Die Plyometrie erhielt großen Auftrieb durch die Erfolge des russischen Sprinters Valeri Borzov, der im wesentlichen dieser Trainingsmethode seine Erfolge verdankt. Bei den Olympischen Spielen 1972 gewann Borzov im Alter von 20 Jahren die 100 m in 10,0 Sekunden.

Das Erstaunliche an Borzovs Leistung war, daß sechs Jahre früher seine 100-m-Zeiten um 13 Sekunden betragen hatten, was nicht gerade auf potentielle Weltklassequalitäten hindeutete. Die Steigerung von Borzovs Sprintlei-

10

stungen war natürlich hauptsächlich durch seine körperliche Entwicklung zwischen dem 14. und 20. Lebensjahr verursacht, aber sein Erfolg wurde auch auf das konsequente plyometrische Training zurückgeführt, das er während dieses Zeitraumes absolvierte.

Plyometrie heute

In Sporthallen und auf Trainingsplätzen werden oft verherrlichende Geschichten über Plyometrie erzählt. So wird z.B. berichtet, ein Gewichtheber, der über 136 kg wog, sei aus dem Stand vom Boden auf eine in Augenhöhe befindliche Plattform gesprungen. Diese Leistung soll angeblich auf plyometrisches Training zurückzuführen sein.

In diesem Buch sollen dem plyometrischen Training keine magischen Qualitäten zugeschrieben werden; Plyometrie verhilft Sportlern keineswegs zu übermenschlichen Leistungen. Wir möchten Ihnen jedoch zeigen, daß plyometrisches Training aufgrund wissenschaftlicher Forschungen mittlerweile weltweit akzeptiert und anerkannt ist (Bosco & Komi, 1979, 1981; Chu, 1983; Gambetta, 1981; Wilt & Ecker, 1970). Natürlich haben auch tatsächliche Erfolge zum Ansehen des plyometrischen Trainings beigetragen.

11

So behauptet John Tansley, der Trainer von Dwight Stones während einiger seiner besten Jahre, daß Stones weder besonders kräftig noch schnell war. Darüber hinaus war Stones' Vertikalsprungleistung verhältnismäßig schwach (Tansley, 1980). Dennoch sprang Stones höher als alle anderen. Tansley glaubt, daß an diesen Erfolgen das von Stones durchgeführte plyometrische Training einen beträchtlichen Anteil hat (Tansley, 1980).

Plyometrische Übungen kommen Football-, Basketball- und Fußballspielern genauso zugute wie Gewichthebern, Schwimmern, Skiläufern sowie Baseballspielern und Athleten zahlreicher anderer Sportarten. Jede sportliche Fähigkeit, bei der es auf Schnellkraft ankommt, kann durch plyometrisches Training verbessert werden.

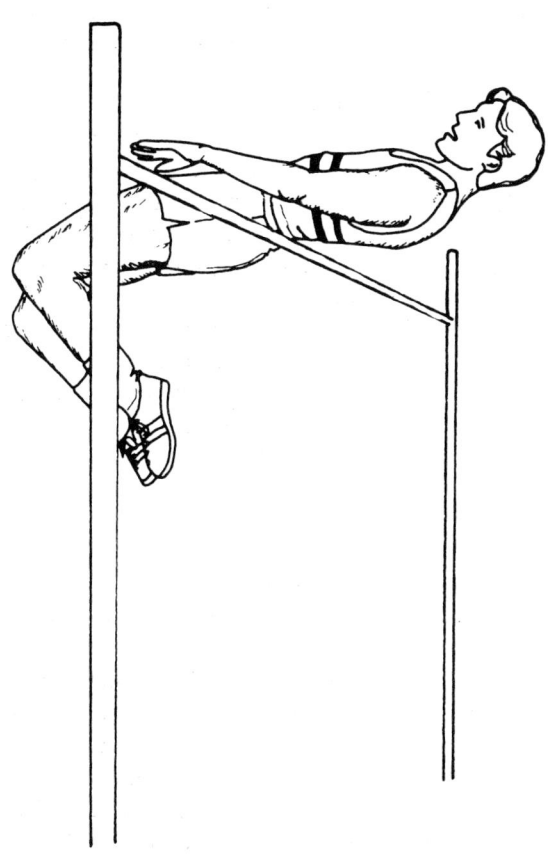

Kapitel 2
Grundlagen der Plyometrie

Zwischen den strukturellen Elementen des menschlichen Körpers und der Mechanik von Stützsystemen, so wie diese von Ingenieuren beschrieben werden, lassen sich Parallelen ziehen. Elastizität, Kraft, Belastung, Kompression und Spannung sind nicht nur Eigenschaften von Beton und Stahl, sondern finden sich auch bei Knorpel, Sehnen und Bändern. So können z.b. der Unterkieferknochen und der Jochbogen mit industriellen Trägern verglichen werden, und hinsichtlich seiner Belastungsmerkmale ähnelt der Oberschenkelknochen einer Betonsäule. Entsprechend können menschliche Bewegungen im Sport besser beschrieben werden, wenn man auf die Begriffe Kraft, Arbeit, Beschleunigung, Schnelligkeit, Hebel und Drehmoment zurückgreift. Auf gleiche Weise können Analogien hergestellt werden zwischen den Systemen, die motorische Fertigkeiten steuern, und elektronischen Schaltsystemen, Servomechanismen und Computern.

Bei unserer Analyse und Anwendung der Plyometrie verwenden wir verschiedene Modelle, Vergleiche und Begriffe, die wir der Welt der Maschinen und der Elektronik entlehnt haben. Wir tun dies, um die Dinge klarer darstellen zu können, sind uns jedoch gleichzeitig bewußt, daß die eigentliche sportliche Leistung nie die bloße Summe solcher Faktoren wie Kraft, Schnelligkeit, Belastung und Dehnung ist. Jedes Bewegungsmuster, plyometrisch oder nicht, ist im Wesen ganzheitlich, d.h. eine Integration aller genannten Faktoren. Bei der Entwicklung und dem Einsatz menschlicher Kraft können die willensmäßigen Mechanismen, die die Skelettmuskulatur anregen und koordinieren, sogar wichtiger sein als die eigentliche Muskelfaser. Allem Anschein nach besteht ein Zusammenhang zwischen der Verbesserung der muskulären Kontrolle und reaktiven Kraft, die bei plyometrischen Übungen von Bedeutung ist, und Veränderungen der komplexen muskulären Struktur und der sensomotorischen Wege.

Wie plyometrisches Training funktioniert

Die Grundlage der willkürlichen wie auch der unwillkürlichen motorischen Prozesse, die bei der Plyometrie eine Rolle spielen, ist der sogenannte Dehnreflex. Der Muskelspindelapparat und der Dehnreflex sind entscheidende Komponenten der Bewegungskontrolle durch das Nervensystem. Bei der Ausführung vieler erlernter sportlicher Fertigkeiten unmittelbar vor einer explosivreaktiven Bewegung können die Muskeln schnell gedehnt werden als Reaktion einer auf sie einwirkenden Belastung. Eine derartige „Cocking"-Phase (Chu, 1983) tritt z.B. beim Schlagen eines Baseballs oder beim Schwingen eines Golf-

schlägers auf. Während dieser Cocking-Phase kommt es sowohl beim Baseball-Schlagmann als auch beim Golfer unbewußt zu einer leichten Verlängerung der Muskelfasern derjenigen Muskeln, die für die Kraftentfaltung während des Schwungs wichtig sind. Das schnelle Dehnen (Belasten) dieser Muskeln aktiviert den Muskelspindelreflex, der einen sehr starken kontraktionsauslösenden Reiz über das Rückenmark zu den Muskeln sendet.

Wenn z.B. der im Bild gezeigte rechtshändige Golfer den Rückschwung beginnt, kontrahiert sein linker zweiköpfiger Oberarmmuskel (M. biceps brachii), während der dreiköpfige Oberarmmuskel (M. triceps brachii) sich dehnt.

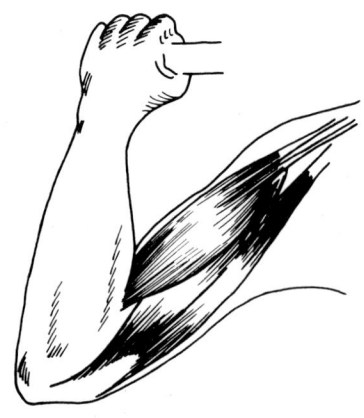

Wenn der Golfer danach den Vorschwung einleitet, kommt es zu einer kräftigen Kontraktion des M. triceps brachii als Antwort auf dessen vorangegangene schnelle Dehnung, die den Muskelspindelreflex auslöste.

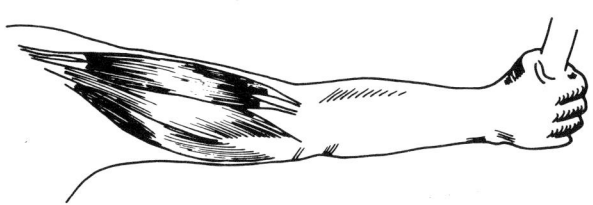

Zur Beschreibung des Dehnreflexes wurden verschiedene Begriffe vorgeschlagen. Chu (1983) nannte die schnelle Belastung der Muskelfasern unmittelbar vor der Muskelkontraktion „exzentrische Phase", die kurze Periode zwischen dem Beginn der exzentrischen Phase und der reflexartigen Muskelkontraktion „Amortisationsphase" und die Kontraktionsphase selbst „konzentrische Phase". Veroshanski (1967) nannte die Dehnung der Muskelfasern die „nachgebende Phase" und die sich daran anschließende reflexartige Kontraktionsphase die „überwindende Phase". Wir halten die Terminologie Veroshanskis bei der Vermittlung plyometrischer Übungen für hilfreicher.

Es wird angenommen, daß plyometrische Übungen verschiedene Veränderungen im neuromuskulären System bewirken. So sollen sie die Fähigkeit der Muskeln verbessern, schnell und kräftig auf kleine und schnelle Veränderungen der Muskellänge zu reagieren. Ein wichtiges Merkmal des plyometrischen Trainings ist offensichtlich die Konditionierung des neuromuskulären Systems dergestalt, daß schnellere und kräftigere Richtungsveränderungen möglich werden, z.B. beim Wechsel von Tief- zu Hochbewegungen beim Springen und bei der Vorwärts- und sich daran anschließenden Rückwärtsbewegung der Beine beim Laufen. Eine Reduzierung der für diese Richtungsveränderungen benötigten Zeit bedeutet eine höhere Geschwindigkeit und Kraft.

Dies ist nur eine grobe Erklärung der Wirkungsweise des plyometrischen Trainings. Im Anhang A finden Sie mehr über die physiologischen und neurologischen Prozesse, die beim plyometrischen Training eine Rolle spielen.

Trainingsprinzipien

Bestimmte Prinzipien des sportlichen Trainings, die auf andere Übungsformen zutreffen, sind auch beim plyometrischen Training von Gültigkeit. Eines der grundlegendsten und am weitesten akzeptierten Prinzipien ist das Prinzip der progressiven Überlastung (Overload), das mit großem Erfolg bei der Entwicklung von Kraft, Schnellkraft und Ausdauer angewandt wird. Die Beziehung zwischen der zunehmenden Muskelkraft und dem Charakter der zu überwindenden Gewichte ist bekannt: Das wiederholte Überwinden einer geringen Last verbessert die Muskelausdauer, nicht die Muskelkraft.

Da der Schwerpunkt des plyometrischen Trainings auf der Entwicklung der Schnellkraft liegt, und da Schnellkraft als das Produkt aus Kraft und Frequenz bzw. als Quotient aus Kraft und Zeit definiert ist, müssen Überlastungen sowohl im Hinblick auf Widerstand als auch Zeit angewandt werden. Beim plyometrischen Training haben resistive Überlastungen normalerweise die Form schneller Richtungswechsel einer Extremität oder des ganzen Körpers, wie z.B. das Überwinden erhöhter Schwerkraft als Ergebnis einer Fall-, Schritt-, Bound-, Hop-, Leap- oder Jump-Bewegung. Wie z.B. die nachfolgende Abbildung zeigt, wird die Überlastung erhöht, indem der Sportler von immer höher werdenden Kästen springt. Eine zeitliche Überlastung kann erreicht werden, indem der Sportler sich darauf konzentriert, die Bewegung so schnell und intensiv wie möglich auszuführen.

Ein weiterer allgemeiner Lehrsatz des sportlichen Trainings ist das Prinzip der Spezifität. Im Zusammenhang des sportlichen Trainings bezieht sich Spezifität auf neuromuskuläre und metabolische Anpassungen bestimmter Systeme als Reaktion auf besondere Arten der Überlastung. Sportliche Belastungen wie Krafttraining für bestimmte Muskelgruppen rufen bestimmte Kraftanpassungen in diesen Muskelgruppen hervor; eine Verbesserung der Ausdauer kann effektiv nur durch Ausdauertraining erreicht werden. Des weiteren können die für Skilanglauf, Radsport oder Laufen notwendige aerobe Kapazität und Muskelkraft am effektivsten entwickelt werden, wenn das Training auf die spezifischen, in diesen Sportarten beanspruchten Muskelgruppen ausgerichtet ist. Spezifische Übungen rufen spezifische Anpassungen hervor und haben somit spezifische Trainingseffekte (McArdle, Katch, & Katch, 1981). Das Prinzip der Spezifität gilt auch für das plyometrische Training. Einige plyometrische Übungen zielen auf die Verbesserung der Spurtfähigkeit ab, andere auf die Steigerung der Sprungkraft, und wieder andere belasten die für Rumpfdrehungen verantwortlichen Muskeln. Die Anwendung spezifischer plyometrischer Übungen wird durch das Leistungsziel des betreffenden Sportlers bestimmt.

Neben den Konzepten der resistiven (Umfang und Strecke) und zeitlichen (Zeit und Intensität) Überlastung ist es nützlich, das Konzept eines weiteren Überlastungssystems zu entwerfen, welches auf der räumlichen Dimension beruht. Das bedeutet, daß Bewegungen auch aus der Sicht der Bewegungsweite einen Überlastungseffekt haben können. Dieses Konzept besteht darin, den Dehnreflex innerhalb einer bestimmten Bewegungsspannweite einzusetzen. Wenn die Bewegungsspannweite zu groß ist, wird der Trainingszweck nicht erreicht, da die Reflexaktion nicht ausgelöst wird. Dennoch werden viele plyometrische Übungen – obwohl sie im Hinblick auf die Bewegungsebene der Extremitäten und der Einbeziehung bestimmter Muskelgruppen sportfertigkeitsspezifisch sind – auf räumlich übertriebene Weise ausgeführt; das bedeutet, daß die Extremitäten einen wesentlich breiteren Bewegungsraum durchlaufen können, obwohl die tatsächliche Bewegungsebene der der Zielübung entspricht.

So erfordert z.B. die „Stock-Bound-Übung" für Skilangläufer, daß der Übende den Diagonalschritt simuliert, daß jedoch die Spannweite der kontralateralen Bewegung der Arme und Beine dergestalt übertrieben wird, daß die Übung maximal intensiv ausgeführt wird. Somit wird die spezifische plyometrische Wirkung nicht nur durch resistive und temporale Überlastungen, sondern auch durch räumliche Überlastungen erreicht. Resistive, temporale und räumliche Überlastungen sind ebenso wichtige Aspekte wie Trainingsspezifität und Trainingshäufigkeit, -intensität und -dauer – Themen, die in Teil II und III eingehender behandelt werden.

TEIL II
Plyometrische Bewegungen und Trainingsmethoden

Im Sport sind eine Vielfalt von Bewegungen und Handlungsfolgen zu beobachten. Einige sind sehr einfach und bedürfen relativ weniger erlernter Fertigkeitskomponenten; andere Bewegungen sind hingegen ausgesprochen kompliziert. Beim plyometrischen Training gibt es ebenfalls ein breites Spektrum von einfachen bis hin zu komplexen Übungen. Die Entscheidung für eine bestimmte Übung hängt vom speziellen Leistungsziel des jeweiligen Athleten ab.

In Teil II stellen wir ein System zur Klassifikation plyometrischer Übungen vor, das auf der funktionalen Anatomie und den Beziehungen dieser Wissenschaftsdisziplin zu sportlichen Bewegungsabläufen beruht. Somit können die Übungen auf Basis der involvierten Muskelgruppen und ihrer Beziehungen zu speziellen sportlichen Bewegungen differenziert werden. Wir werden die großen Muskelgruppen, die bei vielen grundlegenden sportlichen Übungen eingesetzt werden, untersuchen und werden darüber hinaus eine Begründung vorlegen, warum es bestimmter Übungen bedarf, um die betreffenden Muskeln so zu trainieren, daß Sie eine bestimmte Übung noch schnellkräftiger ausführen können.

Danach werden wir die Richtlinien vorstellen, die bei der effektiven Entwicklung der Explosivkraft zu befolgen sind. Eine richtige Ausführung der plyometrischen Übungen ist sehr wichtig, damit aus dieser Trainingsart ein optimaler Nutzen gezogen wird und Verletzungen vermieden werden.

Kapitel 3
Plyometrische Bewegungen und Muskelgruppen

In Teil III werden verschiedene plyometrische Übungen beschrieben und illustriert. Diese Übungen werden in drei Gruppen eingeteilt:
a) Übungen für die Bein- und Hüftmuskeln,
b) Übungen für die Rumpf- und Lendenmuskulatur,
c) Übungen für die Brust-, Schulter- und Armmuskulatur.
Obwohl diese Muskelgruppen hier getrennt werden, bilden sie eine funktionelle Einheit; sie sind Elemente der menschlichen „Kraftkette" (Landis, 1983).

Die meisten sportlichen Bewegungen gehen von der Hüfte und den Beinen aus. Dies trifft auf das Laufen, Wurf- und Sprungbewegungen zu, die entweder das eigentliche Leistungsziel darstellen oder ein Bestandteil komplexerer Bewegungen sein können. So wird die in der Hüfte und den Beinen erzeugte Bewegungsenergie z.b. häufig durch Kipp-, Streck-, Dreh- oder Beugebewegungen über den Lendenbereich auf den Rumpf übertragen, wo sie für Bewegungen, an denen die Schulter-, Brust- oder Armmuskulatur beteiligt ist, benötigt wird.

Die Auswahl der plyometrischen Übungen in Teil III folgt dem Kraftkettenkonzept. Die Mehrzahl der Übungen sind spezifisch auf Bein- und Hüftaktionen ausgerichtet, da die betreffenden Muskelgruppen das Energiezentrum sportlicher Bewegungen darstellen und bei fast allen Sportarten eine dominierende Rolle spielen. Plyometrische Bewegungen, die darauf ausgerichtet sind, die Hüft- und Beinmuskulatur zu belasten und zu spezifischen Muskelaktionen führen, werden im folgenden beschrieben.

Bounds. Bei den Bounds liegt der Schwerpunkt darauf, eine maximale Höhe sowie Weite zu erzielen. Bounds werden entweder beidfüßig oder als Wechselsprünge absolviert (siehe Abbildung auf der nächsten Seite).

Funktionale Anatomie der Bounds:

- Beugung des Schneidermuskels (M. sartorius), Darmbeinmuskels (M. iliacus) und schlanken Muskels (M. gracilis);
- Streckung des Kniegelenks durch den äußeren Schenkelmuskel (M. vastus lateralis), inneren Schenkelmuskel (M. vastus medialis) und den mittleren Schenkelmuskel (M. vastus intermedius) (Teilmuskeln des vierköpfigen Schenkelmuskels/M. quadriceps-Gruppe);
- Streckung der Hüfte durch den zweiköpfigen Schenkelmuskel (M. biceps femoris), Halbsehnenmuskel (M. semitendinosus) und Plattsehnenmuskel (M. semimembranosus) (hintere Oberschenkelmuskulatur) und ebenfalls den großen und kleinen Gesäßmuskel (M. glutaeus maximus und minimus);
- Beugung des Kniegelenks und des Fußes durch den Zwillingswadenmuskel (M. gastrocnemius); Adduktion und Abduktion der Hüfte durch die Gesäßmuskeln sowie den langen, kurzen, großen und kleinen Schenkelanzieher (M. adductor longus, brevis, magnus und minimus) sowie den Anzieher der großen Zehe (M. adductor hallucis).

Hops. Das Hauptziel der Hops ist das Erzielen einer maximalen Höhe und einer maximalen Beinbewegungsfrequenz; das Erreichen einer großen horizontalen Distanz ist zweitrangig. Hops werden entweder beid- oder einbeinig ausgeführt.

Funktionelle Anatomie der Hops:

- Beugung der Hüfte durch den Schneider-, Darmbein- und schlanken Muskel;
- Streckung des Kniegelenks durch den Schenkelbindenspanner (M. tensor fasciae latae), den äußeren, inneren und mittleren Schenkelmuskel und den geraden Schenkelmuskel (M. rectus femoris);
- Streckung der Hüfte und Beugung des Beins durch den zweiköpfigen Schenkelmuskel, den Halbsehnen- und Plattsehnenmuskel sowie durch den großen und kleinen Gesäßmuskel;
- Beugung des Kniegelenks und des Fußes durch den Zwillingswadenmuskel, den Wadenbeinmuskel (M. peroneus) und Schollenmuskel (M. soleus);
- Adduktion und Abduktion der Hüfte durch den mittleren und kleinen Gesäßmuskel sowie durch den langen, kurzen, großen und kleinen Schenkelanzieher sowie durch den Anzieher der großen Zehe.

Jumps. Das Ziel der Jumps besteht im Erreichen einer maximalen Höhe; die Bewegungsfrequenz ist zweitrangig, und eine große Sprungweite wird bei den Jumps überhaupt nicht angestrebt. Jumps können beidbeinig oder als Einbein-Wechselsprünge ausgeführt werden.

Funktionelle Anatomie der Jumps:

- Beugung der Hüfte durch den Schneider-, Darmbein- und schlanken Muskel;
- Streckung des Kniegelenks durch den äußeren, inneren und mittleren sowie geraden Schenkelmuskel;
- Streckung der Hüfte und Beugung des Beins durch den zweiköpfigen Schenkelmuskel, Halbsehnen- und Plattsehnenmuskel sowie den großen Gesäßmuskel;
- Adduktion der Hüfte durch den mittleren und kleinen Gesäßmuskel sowie den langen, kurzen, großen und kleinen Schenkelanzieher sowie den Anzieher der großen Zehe.

Leaps. Leaps sind Einzelbelastungen, bei denen der Schwerpunkt sowohl auf dem Erreichen einer maximalen Höhe als auch einer maximalen Weite liegt. Leaps werden ein- oder beidbeinig ausgeführt.

Funktionelle Anatomie der Leaps:

- Streckung der Hüfte durch den zweiköpfigen Oberschenkelmuskel, Halbsehnenmuskel sowie den großen und kleinen Gesäßmuskel;
- Streckung des Kniegelenks durch den äußeren, inneren und mittleren Schenkelmuskel;

23

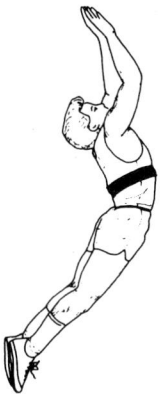

- Beugung der Hüfte und des Beckens durch den Schenkelbindenspanner sowie den Schneider-, Darmbein- und schlanken Muskel;
- Adduktion und Abduktion der Hüfte durch den mittleren und kleinen Gesäßmuskel sowie den langen, kurzen und großen Schenkelanzieher.

Skips. Skips werden mit beiden Beinen abwechselnd durchgeführt; im Mittelpunkt stehen sowohl Sprunghöhe als auch -weite.

Funktionelle Anatomie der Skips:

- Streckung der Hüfte durch den zweiköpfigen Schenkelmuskel, den Halbsehnen- und Plattsehnenmuskel sowie den kleinen und großen Gesäßmuskel;
- Beugung der Hüfte durch den Schenkelbindenspanner, Schneider-, Darmbein- und schlanken Muskel;
- Streckung des Fußes durch den Zwillingswadenmuskel.

Ricochets. Bei den Ricochets liegt der Schwerpunkt einzig und allein auf der schnellen Frequenz der Bein- und Fußbewegungen; die Minimierung der vertikalen und horizontalen Sprungdistanz erlaubt eine höhere Bewegungsfrequenz.

Funktionelle Anatomie der Ricochets:

- Streckung des Knie- und Hüftgelenks durch den äußeren, inneren und mittleren Schenkelmuskel; Beugung der Hüfte durch den Schneider- und Kamm-Muskel (M. pectineus), den kurzen und langen Schenkelanzieher und den Schenkelbindenspanner.

Landis (1983) beschreibt den Rumpf bzw. mittleren Bereich des Körpers als Schock-Dämpfer und sieht in ihm das Kraftkettenbindeglied zwischen „Zugmaschine" (Hüfte und Beine) und „Anhänger" (Oberkörper). Der Rumpf ist zwar ein oft vernachlässigter Muskelbereich, ist aber sehr wichtig für die effiziente und kräftige Ausführung vieler sportlicher Bewegungen. Im folgenden finden Sie einige plyometrische Übungen, die speziell für den Oberkörper bestimmt sind:

Schwünge. Hierunter versteht man laterale, horizontale oder vertikale Rumpfbewegungen mit sekundärer Einbeziehung von Schultern, Brust und Armen.

Funktionelle Anatomie der Schwünge:

Rotation der Wirbelsäule und des Beckens durch den schrägen Bauchmuskel (M. obliquus abdominis), queren Bauchmuskel (M. transversus abdominis), vorderen und hinteren Sägemuskel (M. serratus anterior und posterior); Beugung und Streckung der Wirbelsäule durch den geraden Bauchmuskel (M. rectus abdominis), queren Bauchmuskel, äußeren schrägen Bauchmuskel (M. obliquus externus), Dorn-Muskel (M. spinalis), Langmuskel des Rückens (M. longissimus thoracis), Rückenstrecker (M. sacrospinalis) und Halbdornmuskel (M. semispinalis).

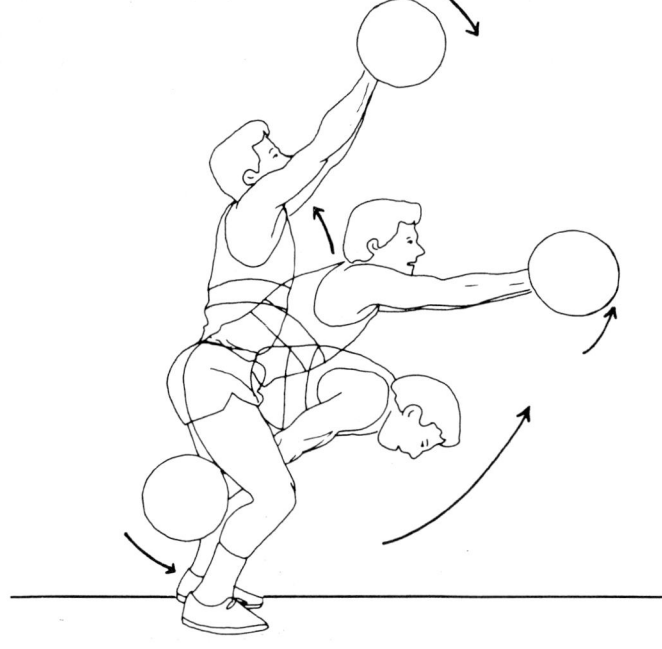

Drehungen. Unter Drehungen versteht man kreisförmige oder laterale Bewegungen des Rumpfes ohne größere Einbeziehung von Schultern und Armen. Funktionelle Anatomie der Drehungen:
Rotation der Wirbelsäule und des Beckens durch den geraden, queren und äußeren schrägen Bauchmuskel sowie den inneren schrägen Bauchmuskel (M. obliquus internus abdominis).

In vielen Sportarten sind das Endergebnis der in der Hüfte und den Beinen erzeugten und über den Lendenbereich übertragenen Kraft Bewegungen, die die Brust, Schultern, den Rücken und die Arme einbeziehen. Bewegungen wie Werfen, Fangen, Stoßen, Ziehen und Schwingen sind daher primär Aktivitäten des Oberkörpers; eine sorgfältige Analyse zeigt jedoch, daß der Rumpf, die Hüften und Beine auch eine wichtige Stütz-, Gewichtsübertragungs- und Balancefunktion haben. Stöße, Würfe, Schlagbewegungen, Pässe und Schwünge beziehen allesamt verschiedene Muskelgruppen des Oberkörpers ein. Gemäß dem relativen Ausmaß der Arm- und Schulterbewegungen lassen sich diese Handlungsfolgen differenzieren. Hinsichtlich der funktionellen Anatomie sind sich diese Bewegungen allerdings sehr ähnlich: integrierte Beugung, Streckung und Abduktion der Arme durch den großen und kleinen Brustmuskel (M. pectoralis maior und minor), vorderen Sägemuskel, Armstrecker (M. triceps brachii); Stützung der Arme und des Schultergürtels während der Beugung und Streckung durch den Deltamuskel (M. deltoideus), großen und kleinen Rautenmuskel (M. rhomboideus maior und minor), Kappenmuskel (M. trapezius), Hakenarmmuskel (M. coracobrachialis), Unterschlüsselbeinmuskel (M. subclavius) und den breiten Rückenmuskel (M. latissimus dorsi).

Kapitel 4

Ausführungsrichtlinien

Beim plyometrischen Training müssen, wie bei anderen Trainingsarten auch, bestimmte Richtlinien zur korrekten und effektiven Übungsdurchführung berücksichtigt werden. Einige der Richtlinien wurden bereits in Kapitel 2 genannt; in diesem Kapitel werden weitere Schlüsselaspekte des plyometrischen Trainings dargestellt.

Richtlinie 1: Aufwärmen/Abwärmen
Da plyometrische Übungen Anforderungen an die Beweglichkeit und Gewandtheit stellen, sollte allen Übungen ein angemessenes Aufwärmprogramm vorangehen und ein Abwärmen folgen. Es wird empfohlen, vor und nach jeder Trainingseinheit zu joggen, stretchen oder körperbildende Übungen zu absolvieren.

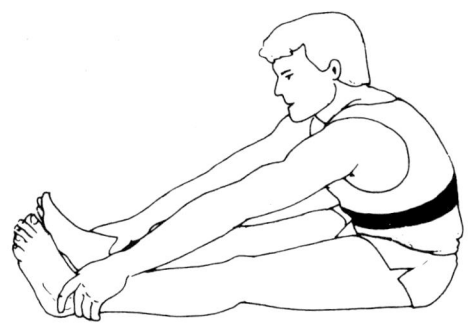

Richtlinie 2: Hohe Intensität
Intensität ist beim plyometrischen Training ein wichtiger Faktor. Optimale Trainingseffekte können nur erreicht werden, wenn die Bewegungsausführung schnell und der Einsatz maximal ist. Die Frequenz der Muskeldehnungen ist wichtiger als das Ausmaß der Dehnung. Eine größere Reflexantwort wird erreicht, wenn der Muskel schnell gedehnt wird. Da die Übungen intensiv

28

durchgeführt werden sollten, ist es sinnvoll, auf ausreichende Erholung zwischen aufeinanderfolgenden Übungssequenzen zu achten.

Richtlinie 3: Progressive Überlastung

Ein plyometrisches Trainingsprogramm muß eine resistive, zeitliche und räumliche Überlastung gewährleisten. Überlastung zwingt den Muskel, mit größerer Intensität zu arbeiten. Die korrekte Steuerung der Überlastung setzt eine Kontrolle der Höhen, von denen Athleten springen, der eingesetzten Gewichte und der zurückgelegten Distanzen voraus. Ungeeignete Überlastungen können die Effektivität des Trainings in Frage stellen oder sogar zu Verletzungen führen. Der Einsatz von Gewichten, die die resistiven Überlastungsanforderungen an bestimmte plyometrische Bewegungen übersteigen, können daher vielleicht die Kraft, müssen jedoch nicht notwendigerweise die Explosivkraft verbessern. Bei den meisten plyometrischen Übungen tritt die resistive Überlastung in Form von Kräften, Momenten und der Schwerkraft auf, wenn relativ leichte Gegenstände wie Medizinbälle, Hanteln oder das bloße Körpergewicht eingesetzt werden.

Richtlinie 4: Kraftmaximierung/Zeitminimierung

Beim plyometrischen Training sind sowohl die Bewegungskraft als auch die Bewegungsgeschwindigkeit von großer Bedeutung. In vielen Fällen ist die Geschwindigkeit, mit der eine bestimmte Handlung ausgeführt wird, leistungsentscheidend. Beim Kugelstoßen ist z.B. das Hauptziel, während der Stoßbewegung eine maximale Kraft auf die Kugel einwirken zu lassen. Je schneller die Bewegungsfolge ausgeführt wird, desto größer sind die erzeugte Kraft und die erreichte Weite.

Richtlinie 5: Absolvieren der optimalen Wiederholungszahl

Normalerweise beträgt die Anzahl der Wiederholungen acht bis zehn, wobei die Wiederholungszahl bei anstrengenderen Bewegungsfolgen geringer und bei den Übungen, die einen nicht so hohen Einsatz verlangen, höher ist. Die Anzahl der Sätze kann auch entsprechend schwanken. In verschiedenen osteuropäischen Untersuchungen (Gambetta, 1981) werden für die meisten Übungen sechs bis zehn Sätze vorgeschlagen, während die russische Literatur (Veroshanski, 1966) vor allem für die intensiveren Sprungübungen zwischen drei und sechs Wiederholungen empfiehlt.

Es ist wichtig zu verstehen, daß sich die meisten plyometrischen Übungen einer von zwei Kategorien zuordnen lassen: Einfache Reaktions- (SR) oder multiple Reaktionsübungen (MR). Bei der ersten Kategorie handelt es sich um Übungen, bei denen ein einzelner, intensiver Einsatz erbracht wird, wie z.B. bei Absprüngen, Spurts und Abwurfbewegungen. Multiple Reaktionsübungen sind ebenfalls intensiv, aber sie betonen mehr die Ausdauer und die allgemeine Schnelligkeit, indem sie mehrere Belastungen hintereinander beinhalten. Tatsächlich kann ein und dieselbe Übung sowohl zu der einen als auch der anderen Kategorie zählen. So ist z.b. der in Kapitel 5 beschriebene Tiefsprung im Grund ein einzelner Sprung von einem Kasten, an den sich ein hoher Vertikalsprung anschließt. Indem man jedoch eine Reihe von Markierungshütchen vor den Kasten stellt und eine Serie von Sprüngen über diese Hindernisse absolvieren läßt, vollführt der Athlet eine multiple Reaktionsübung. Ein effektives plyometrisches Trainingsprogramm enthält beide Arten von Reaktionen, so daß sowohl die spezifischeren als auch die allgemeineren Belastungen berücksichtigt werden.

Hin und wieder wird die Anzahl der Wiederholungen nicht nur von der Übungsintensität, sondern auch von der Kondition des Sportlers, der Ausführung jeder Wiederholung und dem Wert des Ergebnisses diktiert. Denken Sie stets daran, daß diese Übungen ausgeführt werden, um die Nerv-Muskelreaktionen, die Explosivität, Schnelligkeit und die Fähigkeit, in bestimmte Richtungen wirkende Kräfte zu erzeugen, zu verbessern. Ein Sportler zieht nur aus der Zahl der gut absolvierten Übungen Nutzen. Wenn z.B. ein Sportler einen aus acht Wiederholungen bestehenden Satz von Hops, Bounds oder Würfen richtig absolviert und danach zu ermüden beginnt, was zu einem Abfall der Bewegungsqualität führt, sind acht Wiederholungen genug. Beim plyometrischen Training bringen niedrige Intensitäten oder schlecht ausgeführte Bewegungen wenig.

Die in Teil III vorgeschlagene Anzahl von Sätzen, Wiederholungen und Ruhepausen beruht auf den Erfahrungen, die wir beim plyometrischen Training auf verschiedenen Leistungsebenen und bei der Lektüre von Fachliteratur sammeln konnten. Diese Zahlen sind natürlich keine absoluten Werte, sondern nur eine Grundlage, auf der Sie aufbauen können. Variieren Sie diese Werte innerhalb der Grenzen der hier dargestellten Ziele, um Ihre optimalen Trainingsziele zu erreichen.

Richtlinie 6: Ausreichende Erholung

Eine Ruhepause von 1 bis 2 Minuten zwischen den Sätzen reicht normalerweise aus, damit sich das durch die plyometrischen Übungen belastete neuromuskuläre System regeneriert. Eine angemessene Erholungsphase zwischen den Tagen, an denen plyometrisches Training absolviert wird, ist auch wichtig, damit sich die Muskeln, Bänder und Sehnen erholen können. Drei plyometrische Trainingseinheiten pro Woche scheinen optimale Ergebnisse zu bringen. Es ist nicht wichtig, daß dem plyometrischen Training, welches vor allem aus Sprungübungen oder anderen Beinbelastungen besteht, Übungen mit schweren Gewichten, die die unteren Extremitäten belasten, vorausgehen. Im voraus ermüdete Muskeln, Sehnen und Bänder können durch die hohen resistiven Belastungen, denen sie beim plyometrischen Training ausgesetzt sind, zu sehr belastet werden.

Richtlinie 7: Schaffen Sie zunächst eine gute Grundlage

Da eine Kraftbasis für das plyometrische Training von Vorteil ist, sollte ein Gewichttrainingsprogramm so gestaltet sein, daß es die Entwicklung der Explosivkraft ergänzt und nicht verzögert.

Das Schaffen einer Kraftgrundlage vor Beginn eines plyometrischen Trainingsprogramms darf nicht übertrieben werden. Veroshanski und Chernousov (1974) schlagen vor, daß eine tiefe Kniebeuge mit einer Zusatzbelastung vom zweifachen Körpergewicht erbracht werden muß, ehe mit Tiefsprüngen oder ähnlichen plyometrischen Übungen begonnen wird. Dies ist ein extremes Kriterium, und wir halten diese Leistung für ein erfolgreiches plyometrisches Training und das Erzielen eines positiven plyometrischen Trainingseffekts für unnötig. Andere Wissenschaftler (Valik, 1966) bestätigen unsere Behauptung, wenn sie plyometrisches Training bei 12- bis 14jährigen als Vorbereitung eines daran anschließenden Krafttrainingsprogramms anwenden. Die wird auch von McFarlane (1982) unterstützt, der vorschlägt, mit 14jährigen und älteren Jugendlichen ein gemäßigtes Sprungtraining durchzuführen. Sinclair (1981) weist darauf hin, daß bei Heranwachsenden vor der Pubertät keine signifikante Reaktion auf Explosivkrafttraining einzutreten scheint; Trainingsprogramme sollten daher mit Vorsicht verordnet werden.

Anfänger sollten mit mäßigen Übungen beginnen, wie z.B. Sprüngen von Bodenhöhe aus und Hops, Bounds sowie Leaps mit beiden Beinen. Mit Zunahme der Kraft und der Explosivkraft sollte zu einbeinigen Sprüngen, Tiefsprüngen sowie Training an der fallenden sowie steigenden Ebene übergegangen werden. Es ist empfehlenswert, mehrere Wochen vor dem Absolvieren von Skips, Schwüngen und ähnlichen Rumpfübungen ein Kraft- und Beweglichkeitstraining der Bauch-und Lendenmuskeln durchzuführen.

Richtlinie 8: Individualisierung des Trainingsprogramms

Um beste Ergebnisse zu erzielen, ist es notwendig, das plyometrische Trainingsprogramm zu individualisieren. Das bedeutet, Sie müssen wissen, was jeder Ihrer Sportler zu leisten imstande ist und wieviel Training positiv für ihn ist. Leider hat die Forschung sich bislang kaum mit der Frage befaßt, wie die Fähigkeiten eines Menschen überprüft werden können und wie bestimmt werden kann, wieviel Training optimal für ihn ist. Wie bei so vielen Bereichen des sportlichen Trainings ist auch die Individualisierung des plyometrischen Trainingsprogramms eher eine Kunst als eine Wissenschaft.

Die Intensität und der Umfang der Überlastung sind in diesem Zusammenhang zwei wichtige Variablen. Da die Forschungsergebnisse in diesem Punkt so unzureichend sind, gehen die Ansichten hinsichtlich der optimalen Intensität und der Überlastung bei verschiedenen plyometrischen Übungen auseinander. Trainer aus den osteuropäischen Ländern empfehlen, daß Sportler imstande sein müssen, Kniebeugen mit einer Hantel, deren Gewicht das 1,5- bis 2fache des Körpergewichts beträgt, auszuführen, ehe sie bestimmte plyometrische Übungen ausführen sollten. Dieses Kriterium basiert jedoch nicht auf Forschungsergebnissen und trifft nicht auf alle plyometrischen Übungen zu. Es gilt auch nicht für alle Sportler gleichermaßen. Viele maßgebende Trainer und Trainingswissenschaftler fordern daher einfache Tests, auf deren Basis das Training individualisiert werden kann, selbst wenn diese Tests nur unzureichend wissenschaftlich untermauert sein sollten.

Eine Ausnahme im Hinblick auf wissenschaftliche Daten stellen allerdings die Tiefsprünge dar. Bosco und Komi (1979, 1981) und Veroshanski (1967) haben die optimale Absprunghöhe für das Tiefsprungtraining ermittelt. Ihre Ergebnisse zeigen, daß Sprünge von 73 cm Höhe die Schnelligkeit entwickeln, während Sprünge von 1,09 m eher die dynamische Kraft verbessern. Bei Sprüngen von einer Höhe über 1,09 m machen Zeit und Energie zur Absorption der Auftreffkraft die Ziele des plyometrischen Trainings zunichte.

Auf der Grundlage der Arbeiten von Sinclair (1981) und Costello (1984) sowie unserer eigenen Arbeiten im Rahmen der Steuerung des plyometrischen Trainings zahlreicher Athleten sind wir zu der Erkenntnis gelangt, daß die folgenden vier Tests bei der Analyse der Schnellkraftfähigkeiten hilfreich sein können:

1. Vertikalsprung
2. Tiefsprunghöhen
3. Kastensprungtests
4. Medizinballpaß

Die Testverfahren werden im Anhang A beschrieben.

An dieser Stelle können wir Ihnen noch keine Normwerte zur Interpretation der Testergebnisse und zur Individualisierung des Trainingsprogramms geben. Stattdessen schlagen wir Ihnen vor, diese Tests vor Beginn eines plyometrischen Trainingsprogramms mit Ihren Sportlern durchzuführen und sie dann alle drei Wochen erneut durchzuführen. Wenn Sie keine Verbesserung der Testwerte feststellen können, müssen Sie versuchen herauszufinden, ob die Trainingsintensität und die Überlastung zu gering oder zu hoch sind. Wenn Sie Trainer sind, fragen Sie Ihren Sportler nach seiner Meinung über das Trainingsprogramm; sodann müssen Sie eine gutes Beurteilungsvermögen mitbringen, um die Intensität der Belastung und die Überlastung richtig anpassen zu können.

Wenn Sie den Trainingsfortschritt systematisch kontrollieren und die Veränderungen durch Tests diagnostizieren, haben Sie eine bessere Basis, um das Training anpassen zu können. Je mehr Menschen Trainingsaufzeichnungen machen, desto eher werden Standardwerte ermittelt, die zu besseren Trainingsvorschriften führen können.

Weitere Ausführungrichtlinien

Wie bereits in Kapitel 2 erwähnt, ist die Spezifität beim plyometrischen Training genauso wichtig wie beim Kraft- und Ausdauertraining; allgemein gilt, daß plyometrische Übungen mit Bewegungsspannweiten und -intensitäten durchgeführt werden sollen, die den Explosivbewegungen und Handlungssequenzen spezieller sportlicher Fertigkeiten entsprechen. In einigen Fällen sind jedoch gezielte zeitliche und räumliche Übertreibungen als Overloadmechanismen empfehlenswert.

Untersuchungen von Bosco und Komi (1979) zeigen, daß die Ausführung von Sprüngen mit ungedämpfter (nichtverzögerter) Landung zu höheren Schnellkraft- und Kraftwerten führt als die Ausführung von Sprüngen mit gedämpfter Landung (d.h. mit einer Beugung im Kniegelenk während der Landung). Der Unterschied zwischen diesen beiden Landungen ist in der unten stehenden Abbildung dargestellt. Je schneller der Trainierende also von der nach-

Ohne Schockabsorption   Mit Schockabsorption

gebenden zur überwindenden Arbeit umschaltet, desto effektiver ist die Reaktion. In den meisten Fällen gilt die Richtlinie, daß Sportler bei Sprungübungen ungedämpfte Landungen absolvieren sollten.

Bei Ausführung der nachgebenden und überwindenden Arbeit ist eine korrekte Fußstellung wesentlich. Um einen möglichst schnellen Absprung zu gewährleisten, sollte das Sprunggelenk bei der Landung fixiert werden. Ein Abrollen des Fußes von der Ferse zum Ballen (siehe unten) oder ein nicht fixiertes und damit bewegliches Sprunggelenk verlangsamt die Reaktion und verlagert die Kraft vom überwindenden Bereich fort. Am besten ist es, auf dem Fußballen zu landen, obwohl dies leichter gesagt als getan ist. Eine Landung auf der

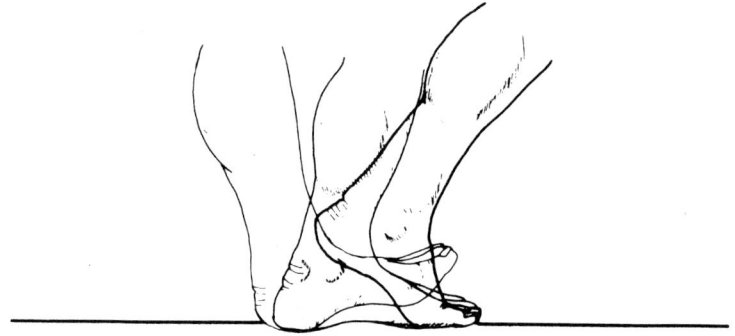

Falsch

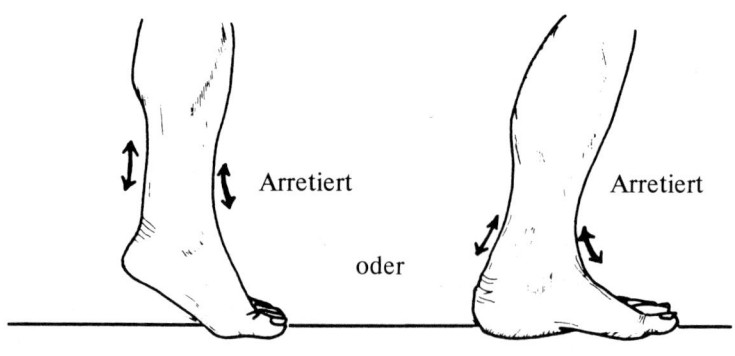

Richtig

ganzen Fußsohle ist in Ordnung, aber mit zunehmender Übung sollte die Landung auf dem Ballen gelernt und vom Athleten beachtet werden, um aus plyometrischen Belastungen der unteren Extremitäten maximalen Nutzen zu ziehen.

Konzentrieren Sie sich bei der Ausführung aller plyometrischen Jumps, Hops, Leaps, Bounds, Skips und Ricochets auf „hohe Knie und hohe Daumen". Dies hilft Ihnen, das Gleichgewicht zu behalten, die Belastung im Bereich der Hüfte und Beine zu zentrieren und zusätzliche Schnellkraftbewegungen mit dem Oberkörper zu erzeugen. Wenn die Knie abrupt nach oben gebracht werden, tendieren die Schultern dazu, nach vorne zu fallen. Ein Oben-Halten der Hände mit aufgerichteten Daumen wirkt dieser Tendenz entgegen, denn dadurch wird der Oberkörper in einer aufrechteren Position gehalten. Dies erleichtert das Wahren des Gleichgewichts.

Bei plyometrischen Bewegungen, die die Muskelgruppen des Oberkörpers betreffen, sind Nachfolgebewegungen wichtig. Die Kraft sollte kontinuierlich eingesetzt werden, und der Schwerpunkt sollte auf der Bewegungsschnelligkeit liegen. Bei wiederholten Stoß- und Wurfbewegungen, wie z.B. beim Medizinballwurf (siehe Abbildung Seite 36) oder dem Stoß des schweren Sacks, sollten Sie verhindern, daß die Erholungs- oder „Fangphase" über den Punkt der voll-

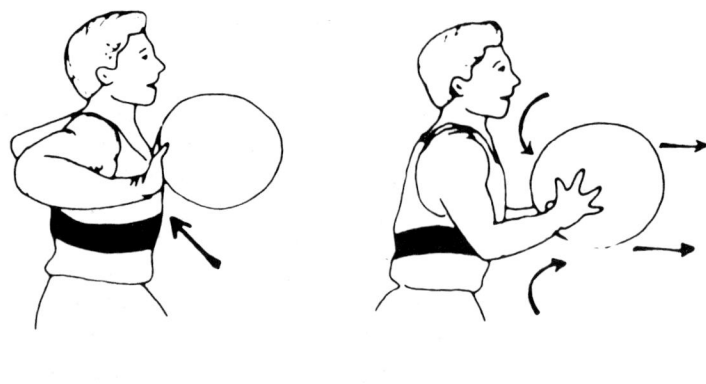

Falsch   Richtig

ständigen Streckung oder Beugung hinausgeht. Diese stellt sicher, daß die Extremitäten- und Rumpfmuskulatur optimal gedehnt bzw. vorbelastet werden und auf diese Weise eine kräftigere, reaktive Explosivbewegung eingeleitet wird.

Damit ist unsere Liste der Richtlinien zur Durchführung der im folgenden Teil vorgestellten plyometrischen Übungen abgeschlossen. Wir schlagen vor, daß Sie dieses Kapitel erneut durchlesen, nachdem Sie die plyometrischen Übungen einige Male durchgeführt haben und Ihnen die Durchführungsrichtlinien bewußter geworden sind.

TEIL III
Plyometrische Übungen

Es gibt wahrscheinlich unendlich viele Möglichkeiten der Entwicklung plyometrischer Übungen. Nützliche plyometrische Übungen können entworfen werden, wenn man über ein wenig Phantasie und Neugier sowie ein Grundlagenwissen hinsichtlich der ablaufenden neuromuskulären Prozesse verfügt. Es ist jedoch weder praktikabel noch notwendig, das Bewegungsmuster jeder sportlichen Fertigkeit zu analysieren und eine speziell auf diese Fertigkeit abgestimmte plyometrische Übung zu entwickeln. In Wirklichkeit gibt es nur wenig wirklich entscheidende Schnellkraftbewegungen im Sport, und in diesem III. Teil werden Übungen für diese Schnellkraftbewegungen vorgestellt. Trainer und Sportler werden rasch erkennen, welche dieser plyometrischen Übungen für ihre eigenen Trainingsbedürfnisse geeignet sind; unsere Erklärungen und Demonstrationen haben das Ziel, einige Einblicke zu vermitteln.

Es wird mit den einfacheren, grundlegenderen Übungen begonnen und im weiteren Verlauf zu den komplexeren Übungen übergegangen. Mit zunehmender Verbesserung der Kraft, Gewandtheit und sportlichen Leistungsfähigkeit kann der Athlet zu den schwierigeren Übungen übergehen.

An dieser Stelle ist ein Wort der Vorsicht angebracht: Grundsätzlich gilt, daß das Verletzungsrisiko bei plyometrischen Übungen im Falle richtiger Übungsausführung und Aufsicht nicht größer ist als bei anderen Trainingsformen auch; dennoch kann Sorglosigkeit beim Bounding, Jumping, Leaping, Hopping etc. zu Verletzungen führen.

Trainer und auch die Sportler selbst sollten beurteilen, ob die motorischen Voraussetzungen vorliegen, zu den komplexeren Übungen (Treppensteigen, Richtungsänderungen unter Verwendung unterschiedlicher Geräte), die in diesem III. Teil dargestellt werden, überzugehen. Um Ermüdung und damit das Verletzungsrisiko zu vermeiden, sollten auch nicht mehr als drei oder vier Übungen in einer Trainingseinheit ausgeführt werden.

Verhindern Sie, daß Sie aufgrund einer während des plyometrischen Trainings erlittenen Verletzung eine Sportpause einlegen müssen. Sorgen Sie stattdessen dafür, daß sich aufgrund richtiger und sicherer Ausführung der plyometrischen Übungen Ihre sportlichen Leistungen verbessern.

Kapitel 5
Beine und Hüfte

Bounds

Übung: Zweibeiniger Bound

Diese Übung verbessert die Explosivkraft der Bein- und Hüftmuskulatur, vor allem der Gesäßmuskeln, hinteren Oberschenkelmuskulatur, der vierköpfigen Schenkelmuskel und der Zwillingswadenmuskel. Auch die Arm- und Schultermuskeln sind indirekt betroffen. Diese Übung findet Anwendung in vielen Sportarten, u.a. in den Sprung- und Laufdisziplinen sowie beim Gewichtheben und leistungsmäßigen Schwimmen.

Ausgangsposition

Beginnen Sie die Übung aus der halben Kniebeugestellung. Die Arme sollten locker an den Seiten hängen, die Schultern sind nach vorne verlagert bis über die Knieachse hinaus. Halten Sie Ihr Rückgrat gerade und Ihren Kopf aufrecht.

Handlungsfolge

Springen Sie nach vorne-oben unter Ausnutzung der Hüftgelenkstreckung und des nach vorne-oben gerichteten Armschwungs. Versuchen Sie, eine maximale Höhe und Weite zu erreichen, indem Sie Ihren Körper vollkommen strecken. Nehmen Sie im Moment der Landung wieder die Ausgangsstellung ein, und leiten Sie den nächsten Bound ein. Betonen Sie das „Strecken zum Himmel hin".

Absolvieren Sie 3 bis 5 Sätze von je 8 bis 12 Wiederholungen bei einer ca. 2minütigen Pause zwischen den Sätzen.

Übung: Bounds mit wechselndem Sprungbein

Diese Übung ist dem zweibeinigen Bound hinsichtlich ihrer Effektivität bei der Entwicklung der explosiven Bein- und Hüftkraft sehr ähnlich. Das Wechseln des Sprungbeins trainiert vor allem die Oberschenkel- und Hüftbeuger sowie -strecker, was vor allem Lauf- und Sprintbewegungen sowie der Beschleunigungsfähigkeit bzw. dem Laufen mit langen, schnellen Schritten zugute kommt.

Ausgangsposition

Nehmen Sie eine bequeme Stellung ein, wobei ein Fuß leicht vor dem anderen steht, so als ob Sie einen Schritt machen wollten; die Arme sollten entspannt seitlich am Körper hängen.

Handlungsfolge

Beginnen Sie die Bewegung, indem Sie sich mit dem hinteren Bein abstoßen und das Knie dieses Beins in Richtung Brust hochziehen. Versuchen Sie, vor der Landung soviel Höhe und Weite wie möglich zu erreichen. Strecken Sie Ihr Schwungbein rasch weit nach vorne. Sie sollten Ihre Arme entweder gegengleich schwingen oder einen Doppelarmschwung ausführen. Wiederholen Sie die Bewegungsfolge (mit dem anderen Bein als Schwungbein) unmittelbar nach der Landung. Eine Variation dieser Übung besteht darin, dem Bewegungsablauf einen 10-m-Anlauf vorzuschalten und direkt in die Bounds überzuleiten.

41

Übung: Zweibeiniger Bound vom Kasten

Für diese Übung benötigen Sie 2 bis 4 Kästen, deren Höhe zwischen 30 und 55 cm schwankt. Die Verwendung der Kästen setzt die Muskelgruppen, die bereits beim zweibeinigen Bound beansprucht wurden, einer höheren Belastung aus. Bei der Ausführung dieser Übung werden größere Anforderungen an die Stabilität des Lenden- und Rumpfbereichs gestellt. (Siehe Anhang C zur Anfertigung der für diese Übung benötigten Kästen.)

Ausgangsstellung

Die Kästen sollten in einem gleichmäßigen Abstand von 90 bis 180 cm aufgestellt werden. Stellen Sie sich etwa 2 bis 3 Schritte vor den ersten Kasten. Ihre Füße sollten etwas mehr als Schulterbreite auseinander stehen. Nehmen Sie eine halbe Kniebeugestellung ein, und halten Sie Ihre Wirbelsäule gerade. Ihr Kopf sollte aufgerichtet sein, die Arme sollten seitlich am Körper hängen.

Handlungsfolge

Beginnen Sie wie bei den zweibeinigen Bounds mit einem explosiven Sprung nach vorne-oben auf den ersten Kasten; sobald Sie auf dem Kasten landen, sollten Sie wieder nach vorne-oben explodieren und dabei versuchen, eine maximale Höhe und Weite zu erreichen. Landen Sie auf dem Boden. Wiederholen Sie diesen Bewegungsablauf unter Verwendung des zweiten und dritten Kastens usw., bis Sie alle Kästen genutzt haben.

Absolvieren Sie 4 bis 6 Sätze unter Verwendung von 2 bis 4 Kästen. Zwischen jedem Satz sollten Sie eine Pause von etwa 2 Minuten einlegen.

Übung: Bound von Kasten zu Kasten mit wechselndem Sprungbein

Durch Einbeziehung von 2 bis 4 Kästen (Höhe etwa zwischen 30 und 55 cm) setzt diese Übung die Beinbeuger und Hüftstrecker einer Überlastung aus, indem der Bound mit beiden Beinen abwechselnd ausgeführt wird.

Ausgangsposition

Nehmen Sie die gleiche Ausgangsstellung ein wie bei dem Bound mit wechselndem Sprungbein, 2 bis 3 Schritte vor einer Reihe Kästen, die im Abstand von etwa 90 bis 180 cm plaziert sind.

44

Handlungsfolge

Die Handlungsfolge dieser Übung entspricht derjenigen beim Bound mit wechselndem Sprungbein mit dem Unterschied, daß jeder 2. Absprung von einem Kasten erfolgt.

Absolvieren Sie 5 bis 8 Sätze unter Einbeziehung von jeweils 2 bis 4 Kästen; zwischen jedem Satz sollten Sie eine 2minütige Pause einlegen.

Übung: Bound bergan

Diese Übung wird am Hang eines Hügels (Steigung ca. 20 Grad) oder auf einer Treppe bzw. Stadiontreppe absolviert. Indem die Belastung bergan erfolgt, werden die beim Bounding beanspruchten Muskelgruppen einer konstanten resistiven Kraft bzw. Überlastung ausgesetzt. Diese konstante Überlastung trägt zur Entwicklung von Kraft und Schnellkraft bei. Sowohl beidbeinige als auch einbeinige Boundvarianten bergan werden vorgeschlagen.

Ausgangsposition

Nehmen Sie am Fuße des Hangs oder der Treppe die gleiche Ausgangsstellung ein wie beim beidbeinigen Bound.

Handlungsfolge

Die Übungsausführung ähnelt der Übungsausführung beim beidbeinigen Bound oder dem Bound mit wechselndem Sprungbein. Beginnen Sie, indem Sie explosiv von Treppenstufe zu Treppenstufe springen. Steigern Sie dabei mit zunehmendem Fertigkeitsniveau und größer werdender Kraft die Anzahl der

übersprungenen Stufen oder die Sprungweite. Setzen Sie die Arme ein, indem Sie sie zur Unterstützung der Sprungaktion nach oben stoßen. Wenn Sie die Bounds bergan beidbeinig ausführen, sollten Sie die Füße etwa schulterbreit auseinandernehmen. Bei wechselbeinig ausgeführten Bounds bergan sollten Sie so lange Schritte wie möglich machen. Die Armführung kann sowohl gegengleich sein als auch aus einer Doppelarm-„Pumpaktion" bestehen.

Absolvieren Sie 4 bis 6 Sätze von je 10 bis 20 Bounds mit Erholungspausen von etwa 20 Minuten zwischen den Sätzen.

Übung: Bound seitwärts

Für diese Übung benötigen Sie Kästen mit einer schrägen Oberfläche, einen Grashügel bzw. entsprechenden Hang oder durch Zusatzhilfen ergänzte normale Kästen (falls Kästen mit geneigter Oberfläche nicht zur Verfügung stehen). Bei dieser Übung werden die Oberschenkeladduktoren und -abduktoren sowie die Hüft-, Oberschenkel- und Lendenmuskeln belastet. Die stabilisierenden Muskeln der Knie- und Sprunggelenke werden ebenfalls beansprucht. Der Bound seitwärts ist hervorragend geeignet für Eisschnelläufer, Eishockeyspieler, Skilangläufer, Tennisspieler sowie Basketball- und Baseballspieler.

Ausgangsstellung

Nehmen Sie etwa einen großen Schritt seitlich vom geneigten Kasten oder Abhang eine halbe Kniebeugestellung ein.

48

Handlungsfolge

Drücken Sie sich mit dem äußeren Fuß (aus der Richtung des Kastens gesehen) ab, und springen Sie seitwärts auf den Kasten. Konzentrieren Sie sich darauf, sowohl Höhe als auch seitwärts gerichtete Weite zu erzielen. Drücken Sie sich im Moment der Landung wieder in die Gegenrichtung ab, wobei Sie erneut versuchen, eine möglichst große seitliche Distanz zu überbrücken.

Absolvieren Sie 3 bis 6 Sätze von je 12 Wiederholungen; eine Erholungspause von je 1 bis 2 Minuten zwischen den Sätzen ist angemessen.

49

Hops

Übung: Zweibeiniger Schnelligkeits-Hop

Diese Übung trägt zur Entwicklung der Bewegungsschnelligkeit und der Kraft der Bein- und Hüftmuskeln bei, wobei vor allem die Gesäßmuskeln, die hintere Oberschenkelmuskulatur, die vierköpfigen Schenkelstrecker und die Zwillingswadenmuskeln in schneller und kräftiger Folge belastet werden. Der zweibeinige Schnelligkeits-Hop ist eine nützliche Übung zur Entwicklung der besonders für das Laufen benötigten Schnelligkeit und Explosivität.

Ausgangsstellung

Nehmen Sie eine entspannte aufrechte Stellung ein, wobei Ihre Wirbelsäule gerade, Ihr Kopf aufrecht und Ihre Schultern leicht nach vorne geneigt sein sollten. Halten Sie die Arme 90 Grad angewinkelt und mit nach oben gerichteten Daumen seitlich an Ihrem Körper.

50

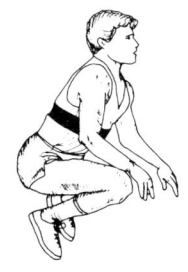

Handlungsfolge

Beginnen Sie, indem Sie so hoch wie möglich abspringen. Beugen Sie dabei die Kniegelenke so, daß Ihre Fersen das Gesäß berühren. Betonen Sie die maximale Hochbewegung, indem Sie Ihre Knie bei jeder Wiederholung nach vorne-oben ziehen. Springen Sie unmittelbar nach jeder Landung wieder schnell nach oben mit der gleichen zyklischen Bewegung der Beine und dem gleichen Armeinsatz, um Höhe zu gewinnen. Die Handlungsfolge sollte so schnell wie möglich ausgeführt werden. Ihr Bemühen, Höhe und Weite zu erreichen, sollte nicht auf Kosten der Bewegungsfrequenz erfolgen.

Absolvieren Sie 3 bis 6 Sätze von je 10 bis 20 Wiederholungen; zwischen den Sätzen sollten Sie Pausen von 1 bis 2 Minuten Dauer einschieben.

Übung: Einbeiniger Schnelligkeits-Hop

Diese Übung ähnelt dem zweibeinigen Schnelligkeits-Hop; der Unterschied besteht lediglich in der einbeinigen Bewegungsausführung. Dies setzt die Hüft-, Bein- und Lendenmuskeln einer Überlastung aus; die Übung beansprucht auch die Muskeln, die das Knie- und Sprunggelenk stabilisieren.

Ausgangsstellung

Nehmen Sie die gleiche Stellung wie beim zweibeinigen Schnelligkeits-Hop ein, mit dem Unterschied, daß ein Bein während der gesamten Übung in einer stationären gebeugten Stellung gehalten werden sollte.

Handlungsfolge

Beginnen Sie die Übung wie den zweibeinigen Hop, springen Sie jedoch immer mit dem gleichen Bein ab.

Absolvieren Sie 2 bis 4 Sätze von je 8 bis 12 Wiederholungen mit jedem Bein; legen Sie zwischen den Sätzen 2minütige Pausen ein.

Übung: Vertikaler Hop mit steigender Sprunghöhe

Für diese Übung brauchen Sie ein Seil oder eine Gummischnur von etwa 4,50 m Länge. Befestigen Sie ein Ende an einer Wand oder einem Pfahl in einer Höhe von etwa 1,30 m und das andere Ende an einem Markierungshütchen, einem Reifen oder einem ähnlichen beweglichen Gegenstand in Bodenhöhe. Diese Übung ist ausgezeichnet geeignet für Basketballer, Volleyballer und Leichtathleten.

Ausgangsstellung

Stellen Sie sich entspannt neben das untere Ende der Schnur. Ihre Füße sollten eng zusammen stehen, und Ihr Gesicht ist der Wand bzw. dem Pfahl

zugewandt. Die Arme sollten leicht angewinkelt sein, bereit, die Sprungaktion zu unterstützen.

Handlungsfolge

Hüpfen Sie von einer Seite des Seils auf die andere, und versuchen Sie dabei, sich der Wand/dem Pfahl so weit wie möglich zu nähern, wobei Sie gezwungenermaßen immer höher springen müssen. Führen Sie Ihre Knie nach vorne-oben zu Ihrer Brust hin, während Sie Ihre Fersen zum Gesäß hin führen.

Absolvieren Sie 3 bis 6 Sätze mit soviel Wiederholungen wie möglich. 1- bis 2minütige Pausen zwischen den Sätzen sind empfehlenswert.

Übung: Hop bergab

Suchen Sie sich für diese Übung einen grasbewachsenen Hügel mit einer Steigung von 2 bis 4 Grad. (Beachten Sie: Führen Sie diese Übung nicht auf Treppen, Tribünen oder nassem, rutschigem Untergrund aus.) Diese Übung verbessert die Schnelligkeit und Kraft der Bein- und Hüftmuskulatur, vor allem der vierköpfigen Schenkelmuskeln, hinteren Oberschenkelmuskulatur, Gesäß-muskeln und der Lendenmuskeln durch eine größere Schockwirkung auf diese Muskeln und die erhöhte Bewegungsschnelligkeit aufgrund der abfallenden Fläche.

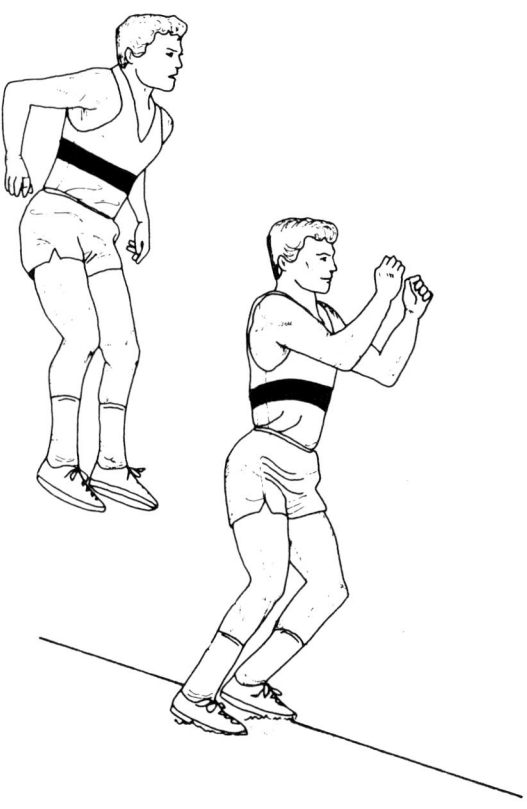

Ausgangsstellung

Nehmen Sie eine viertel Kniebeugeausgangsstellung auf dem Gipfel des Hügels ein, wobei Sie in Fallrichtung blicken.

Handlungsfolge

Die Ausführung dieser Bewegung entspricht der Ausführung des beidbeinigen Hops. Der Bewegungsablauf bergab bewirkt jedoch eine noch höhere Wiederholungsfrequenz und Bewegungsschnelligkeit. Der einbeinige Hop bergab sollte erst ausgeführt werden, wenn die beidbeinige Version beherrscht wird.

Absolvieren Sie 4 bis 6 Sätze von 6 bis 10 Wiederholungen, wobei zwischen den Sätzen 2minütige Pausen eingelegt werden sollten.

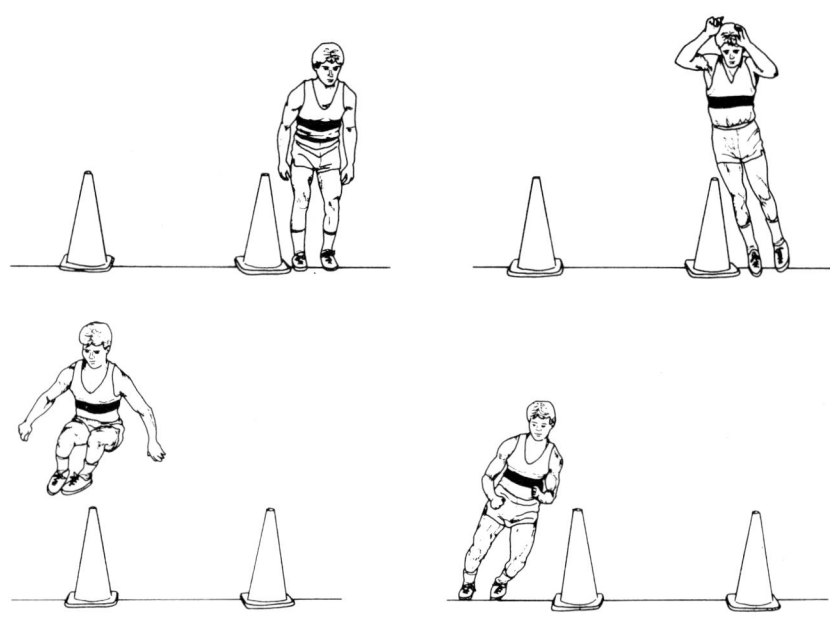

Übung: Hop seitwärts

Für diese Übung benötigen Sie 2 Markierungshütchen von je 45 bis 65 cm Höhe. Diese Übung trainiert besonders die Oberschenkelabduktoren, die stabilisierenden Muskeln der Knie- und Sprunggelenke und verbessert die lateral gerichtete Explosivkraft der Beine und Hüfte. Diese Übung ist sehr sinnvoll für alle Sportarten, in denen seitliche Bewegungen eine wichtige Rolle spielen.

Ausgangsstellung

Stellen Sie beide Markierungshütchen nebeneinander im Abstand von 60 bis 90 cm auf. Stellen Sie sich aufrecht und entspannt neben eines der Hütchen. Die Füße sollten zusammenstehen und gerade nach vorne zeigen. Die Arme sollten leicht angewinkelt sein, bereit, den Auftrieb und das Gleichgewicht zu unterstützen.

Handlungsfolge

Springen Sie aus der Ausgangsstellung seitlich über das erste Markierungs-hütchen und dann, ohne zu zögern, zurück über das zweite. Wechseln Sie danach Ihre Bewegungsrichtung erneut, und springen Sie wieder über das erste Hütchen. Fahren Sie mit dieser Hin- und Herbewegung fort. Setzen Sie die Arme mit nach oben gerichteten Daumen und um 90 Grad angewinkelten Un-terarmen bewegungsunterstützend ein, indem Sie sie nach oben stoßen.

Absolvieren Sie 5 bis 8 Sätze von je 6 bis 12 Wiederholungen. Die Pausen zwischen den Sätzen sollten 1 bis 2 Minuten betragen.

Übung: Winkel-Hop

Diese Übung wird bevorzugt auf einem multiplen Winkelkasten oder einer ähnlichen Vorrichtung ausgeführt. Das Gerät sollte sicher am Boden befestigt sein, so daß es während der Bewegungsausführung nicht rutschen kann. Der Winkel-Hop verbessert die Explosivkraft und Reaktionsschnelligkeit der Oberschenkeladduktoren und sprunggelenkstabilisierendenMuskeln. Des weiteren verbessert diese Übung das Gleichgewichtsvermögen und die Fähigkeit der Seitwärtsbewegung. Diese Übung eignet sich für alpine Skiläufer, Tennisspieler, Footballspieler, Turner und Sportler anderer Disziplinen.

Ausgangsstellung

Stehen Sie in entspannter Haltung auf einer der geneigten Oberflächen des Kastens.

Handlungsfolge

Hüpfen Sie von einer geneigten Oberfläche des Kastens zur nächsten, wobei Sie den Schwerpunkt auf die Bewegungsschnelligkeit legen. Wenn Ihr Fertigkeitsniveau zugenommen hat, sollten die Sprünge über größere Distanzen erfolgen (d.h. über den mittleren dachförmigen Teil des Kastens hinweg). Halten Sie Ihre Arme gleichgewichtsstabilisierend nach oben seitlich vom Körper abgespreizt.

Absolvieren Sie 4 bis 8 Sätze von 8 bis 12 Wiederholungen mit 2minütigen Pausen zwischen den Sätzen.

Jumps

Übung: Kniebeuge-Jump

Diese Übung wird auf einer flachen, etwas federnden Oberfläche ausgeführt. Der Kniebeuge-Jump ist eine Grundübung zur Entwicklung der Schnellkraft der Hüftbeuger, vierköpfigen Schenkelstrecker, Zwillingswadenmuskeln, hinteren Oberschenkelmuskulatur und Gesäßmuskeln und ist auf viele Sportarten anwendbar. Das Hauptaugenmerk beim Kniebeuge-Jump sollte darauf liegen, bei jedem Sprung eine maximale Höhe zu erzielen.

Ausgangsstellung

Stellen Sie sich mit schulterbreit auseinandergestellten Füßen aufrecht und entspannt hin. Verschränken Sie Ihre Hände hinter dem Kopf. Dies führt zu

einer Reduzierung der Armmitbewegung, wodurch die Bewegung der Beine und der Hüfte in den Vordergrund rückt.

Handlungsfolge

Beginnen Sie die Übung, indem Sie sich schnell in die halbe Kniebeuge fallen lassen; stoppen Sie diese nach unten führende Bewegung sofort wieder und springen Sie explosionsartig so hoch wie möglich. Wiederholen Sie den Bewegungsablauf unmittelbar nach der Landung. Initiieren Sie die Sprungbewegung bei jeder Wiederholung unmittelbar vor Erreichen der halben Kniebeugestellung. Versuchen Sie bei jedem Sprung, eine maximale Höhe zu erreichen.

Wir schlagen 2 bis 4 Sätze von je 15 bis 30 Wiederholungen vor; die Pause zwischen den Sätzen sollte 2 Minuten betragen.

Übung: Kniehock-Jump

Kniehock-Jumps werden auf einem elastischen, flachen Untergrund (z.B. Gras oder eine Ringermatte) ausgeführt. Diese Übung wird als Serie schneller, explosiver Sprünge ausgeführt, die die Hüft- und Beinbeuger, Zwillingswadenmuskeln, Gesäßmuskeln, vierköpfigen Schenkelstrecker und die hintere Oberschenkelmuskulatur trainieren.

Ausgangsstellung

Nehmen Sie eine bequeme, aufrechte Stellung ein; halten Sie die Handflächen nach unten gerichtet vor Ihrer Brust.

Handlungsfolge

Beginnen Sie, indem Sie rasch bis zur Viertelkniebeugestellung in die Knie gehen und unmittelbar daran anschließend nach oben explodieren. Ziehen Sie Ihre Knie zur Brust hin an, so daß sie Ihre Handflächen berühren. Wiederholen Sie diese Bewegung unmittelbar nach der Landung, und denken Sie jedes Mal daran, Ihre Knie nach oben zu reißen und die Füße unter Ihrem Körper zu hokken. Die Wiederholungen sollten in rascher Folge ausgeführt werden; der Bodenkontakt sollte so kurz wie möglich sein.

Zwei bis 4 Sätze von je 10 bis 20 Wiederholungen mit Satzpausen von je 2 Minuten sind empfehlenswert.

Übung: Ausfall-Jump

Ausfall-Jumps werden auf ebenem Untergrund ausgeführt und belasten die Lendenmuskeln, die hintere Oberschenkelmuskulatur, die Gesäßmuskeln, vierköpfigen Schenkelstrecker sowie die Strecker und Beuger der Unterschenkel. Ausfall-Jumps sind besonders gut geeignet zur Verbesserung der Schrittweite bzw. Beschleunigungsfähigkeit beim Laufen und Skilanglauf; sie sind gleichzeitig spezifisch im Hinblick auf die Ausfallphase beim Stoßen (Gewichtheben).

Ausgangsstellung

Nehmen Sie eine Stellung ein, bei der ein Bein vorne (90 Grad Beugung im Kniegelenk) und ein Bein hinter der Mittelachse des Körpers steht, so als ob Sie einen langen Schritt machen würden.

66

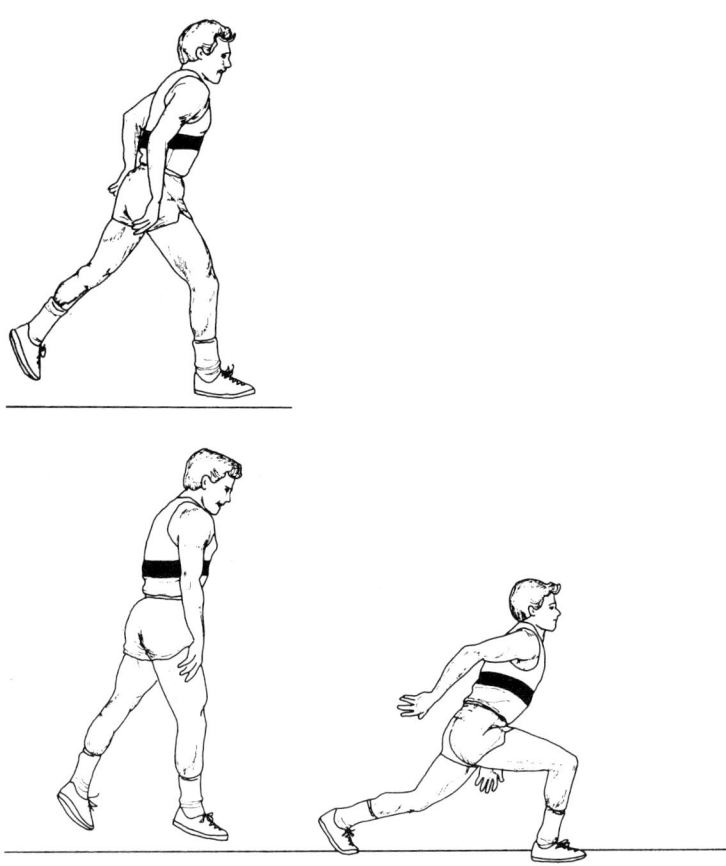

Handlungsfolge

Springen Sie so hoch und so gerade nach oben wie möglich. Setzen Sie Ihre Arme sprungunterstützend ein, indem Sie sie nach oben schwingen. Behalten Sie bei der Landung die Grätschstellung der Beine bei, und beugen Sie das vor dem Körper befindliche Knie zur Schockabsorbierung. Wenn Sie Ihre Körperstabilität wieder erreicht haben, sollten Sie den Bewegungsablauf bis zum Erreichen der geforderten Ausführungszahl wiederholen. Achten Sie darauf, daß Sie jedes Mal so hoch wie möglich springen. Wenn Sie die Übungsfolge beendet und sich ausgeruht haben, nehmen Sie einen Beinwechsel vor, und wiederholen Sie die Übungsfolge.

Absolvieren Sie sowohl mit dem linken als auch dem rechten vorangestellten Bein 2 bis 3 Sätze von je 5 bis 8 Sprüngen. Eine Erholungspause von je 1 bis 2 Minuten zwischen den Sätzen ist zu empfehlen.

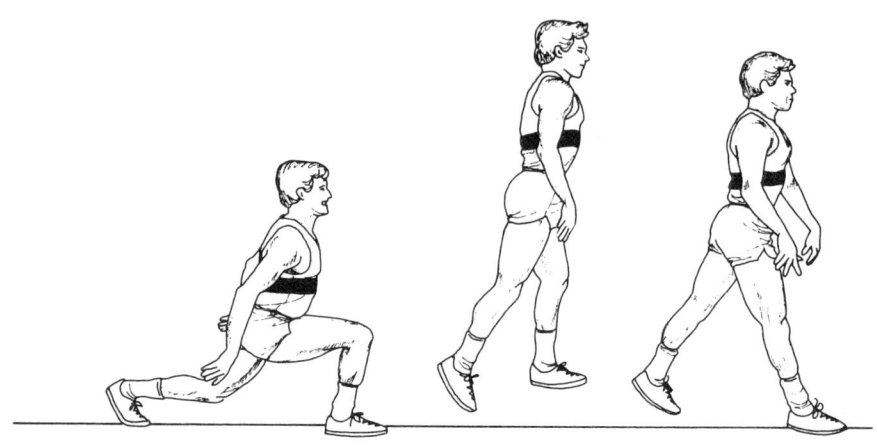

Übung: Scheren-Jump

Wie der Ausfall-Jump trainiert auch der Scheren-Jump die Lendenmuskulatur, die Hüftstrecker, die hintere Oberschenkelmuskulatur und die vierköpfigen Schenkelstrecker. Die Übung ist dem Ausfall-Jump sehr ähnlich, mit dem Unterschied, daß jetzt auch die Beingeschwindigkeit betont wird. Der Scheren-Jump ist daher besonders für Läufer und Springer geeignet.

Ausgangsstellung

Die Ausgangsstellung beim Scheren-Jump entspricht derjenigen beim Ausfall-Jump.

Handlungsfolge

Die Anfangsphase des Scheren-Jumps entspricht ebenfalls derjenigen beim Ausfall-Jump. Im Gipfelpunkt der Sprungkurve wird jedoch die Position der Beine gewechselt, d.h., das hintere Bein wird nach vorne genommen und um-

gekehrt. Der Beinwechsel wird in der Luft vorgenommen und muß sehr schnell ausgeführt werden, damit er vor der Landung vollendet ist. Nach der Landung wird der Sprung wiederholt, wobei erneut ein Beinwechsel vorgenommen wird. Bei dieser Übung liegt der Schwerpunkt auf dem Erreichen einer maximalen Höhe und Beingeschwindigkeit. Eine Übungsvariation für Fortgeschrittene ist der Doppelscheren-Jump, bei dem in der Luft ein kompletter Beinzyklus absolviert wird (d.h., hinteres Bein nach vorne, vorderes Bein nach hinten und umgekehrt). Bei der Landung ist demzufolge die Beinstellung identisch mit der beim Absprung.

Zwei bis 3 Sätze von je 5 bis 8 Wiederholungen mit Satzpausen von jeweils 2 Minuten werden vorgeschlagen.

Übung: Kasten-Jump

Für diese Übung benötigen Sie Kästen, Bänke oder eine erhöhte Plattform (Höhe: zwischen 30 und 70 cm).

Ausgangsstellung

Stellen Sie sich entspannt in einem Abstand von 45 bis 50 cm vor einem Kasten auf. Die Arme sollten sich seitlich vom Körper befinden, und die Beine sollten leicht gebeugt sein.

Handlungsfolge

Springen Sie nach vorne-oben, wobei Sie Ihre Arme schwungunterstützend einsetzen sollten. Landen Sie mit beiden Füßen nebeneinander auf dem

Kasten oder der Plattform. Springen Sie sofort wieder hinunter zu Ihrem Ausgangspunkt, und wiederholen Sie den Bewegungsablauf. Diese Basisbewegung kann variiert werden, indem Sie die Richtungen des Springens auf bzw. von dem Kasten bzw. der Plattform abwechseln. Achten Sie darauf, stets Ihre Daumen und Knie zwecks Gleichgewichtsstabilisierung oben zu halten, und konzentrieren Sie sich auf die Bewegungsschnelligkeit (Minimierung der Kontaktzeit mit Boden und Kasten).

Absolvieren Sie 3 bis 6 Sätze von je 8 bis 12 Sprüngen. Die Pausen zwischen den Sätzen sollten 2 Minuten betragen.

Übung: Tief-Jump

Für diese Übung benötigen Sie einen Kasten oder eine Bank von etwa 60 bis 115 cm Höhe. Die Landefläche sollte einigermaßen weich sein (Gras oder eine Ringermatte). Diese Übung ist besonders gut geeignet für das Training der vierköpfigen Schenkelstrecker und der Muskeln des Hüftgürtels sowie der Lendenmuskeln und der hinteren Oberschenkelmuskulatur. Der Tiefsprung läßt sich auf alle Sportarten anwenden, denn er spricht gleichermaßen die Kraft, Schnelligkeit und Wendigkeit an.

Ausgangsstellung

Beginnen Sie, indem Sie sich auf die Kante des Kastens stellen, wobei der vordere Abschnitt Ihrer Füße über die Kante hinausragen sollte. Halten Sie Ihre Knie leicht gebeugt und Ihre Arme entspannt an Ihren Seiten.

72

Handlungsfolge

Lassen Sie sich vom Kasten auf den Boden fallen; springen Sie nicht vom Kasten ab. Landen Sie mit beiden Füßen nebeneinander und gebeugten Knien, um die Auftreffwucht der Landung zu mildern. Beginnen Sie mit der Sprungphase, sobald Sie auf dem Boden landen, indem Sie beide Arme nach oben schwingen und Ihren Körper so weit wie möglich nach vorne-oben strecken. Um optimalen Gewinn aus dieser Übung zu ziehen, bedarf es einer optimalen Intensität und eines optimalen Einsatzes. Eine Variation dieser Übung ist das Absolvieren eines oder zwei zusätzlicher Sprünge nach dem Anfangssprung. Halten Sie Ihre Knie und Daumen aus Gründen der Gleichgewichtsstabilisierung nach oben.

Absolvieren Sie 3 bis 6 Sätze dieser Sprünge, wobei Sie sich nach jedem Sprung etwa 1 Minute ausruhen sollten.

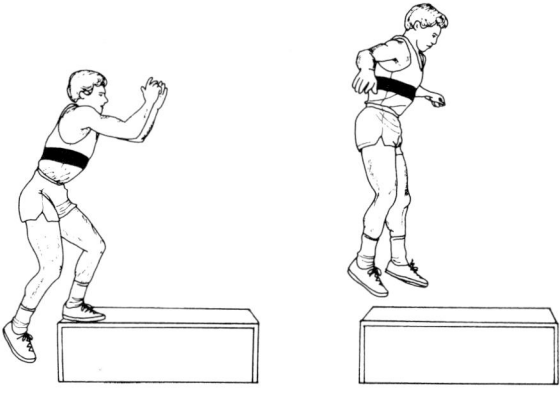

Übung: Einbeiniger Schritt-Jump

Eine lange stabile Bank, ein rechtwinkliger Kasten oder eine Stadiontreppe sind nötig, um den Schrittsprung ausführen zu können, welcher die Lendenmuskeln, die vierköpfigen Schenkelstrecker, die Gesäßmuskeln, die hintere Oberschenkelmuskulatur und die Hüftbeuger belastet. Diese Übung ist hervorragend geeignet für Radfahrer, Footballspieler, Basketballspieler und für Springer (Leichtathletik).

Ausgangsstellung

Stellen Sie sich vorne seitlich neben die Bank, und stellen Sie den inneren Fuß auf die Bank. Halten Sie die Arme nach unten an Ihren Seiten.

Handlungsfolge

Beginnen Sie die Übung mit einer nach oben gerichteten Armbewegung; springen Sie dann, indem Sie sich mit dem inneren Bein (dessen Fuß auf der Bank steht) abdrücken, so hoch wie möglich nach oben. Bewegen Sie sich nach

vorne an der Bank entlang, und wiederholen Sie die Bewegung, sobald der äußere Fuß (der von der Bank entfernte) den Boden berührt. Verwenden Sie hauptsächlich das innere Bein zur Kraftentwicklung und als Stütze, und halten Sie den Bodenkontakt des äußeren Fußes so kurz wie möglich, bevor Sie wieder nach oben springen. Wenn Sie das Ende der Bank erreicht haben, drehen Sie sich, und wiederholen Sie die Bewegung in umgekehrter Richtung und mit umgekehrter Beinposition. Achten Sie darauf, bei jedem Sprung eine maximale Höhe und Körperstreckung zu erreichen.

Wir schlagen eine Trainingseinheit mit 2 bis 4 Sätzen von je 6 bis 10 Wiederholungen mit 2minütigen Pausen zwischen den Sätzen vor.

Übung: Übersteig-Schritt-Jump

Für diese Übung benötigen Sie die gleiche Ausrüstung wie beim einbeinigen Schritt-Jump. Bei dieser Sprungform werden die vierköpfigen Schenkelstrecker, die Gesäßmuskeln, die hintere Oberschenkelmuskulatur und (indirekt) die Muskeln des Schultergürtels belastet. Diese Übung eignet sich für Basketball- und Footballspieler, Radsportler, Turner und Springer (Leichtathletik).

Ausgangsstellung

Stellen Sie sich beim einbeinigen Schritt-Jump seitlich an das Bankende, wobei ein Fuß auf der Bank und einer auf dem Boden steht. Die Arme hängen an den Körperseiten.

Handlungsfolge

Die Bewegung wird durch einen schnellen Schwung der Arme nach oben eingeleitet. Diese nach oben gerichtete Bewegung wird durch einen kräftigen Abstoß mit dem auf der Bank befindlichen Fuß fortgesetzt. Springen Sie so hoch wie möglich, und versuchen Sie, eine maximale Körperstreckung zu erreichen. In dieser Phase wird der Körper schräg nach vorne über die Bank getragen, so daß der Sprungfuß auf der anderen Seite der Bank den Boden berührt und der Schwungbeinfuß auf der Bank landet. Die Körperausrichtung und die Fußstellung ist jetzt exakt umgekehrt wie in der die Sprungfolge einleitenden Ausgangsstellung. Sobald der ursprüngliche Sprungfuß den Boden berührt, wird die Bewegung wiederholt, wobei jetzt das ursprüngliche Schwungbein als Hauptkraftquelle dient. Dieser Bewegungsablauf wird über die Länge der Bank

76

und zurück wiederholt. Versuchen Sie, bei jedem Sprung eine maximale Höhe zu erreichen, wobei Sie die Arme zur Sprungunterstützung nach oben schwingen sollten. Halten Sie den Kontakt Ihrer Füße sowohl mit der Bank als auch mit dem Boden möglichst gering; absolvieren Sie, mit anderen Worten, die Bewegungen so schnell und explosiv wie möglich.

Wir empfehlen 2 bis 4 Sätze von je 8 bis 12 Wiederholungen (pro Sprungbein) mit Satzpausen von 1 bis 2 Minuten.

Übung: Jump seitwärts/Sprint

Für diese Übung benötigen Sie eine niedrige Bank, einen Sandsack oder einen ähnlichen Gegenstand, über den Sie springen, sowie Markierungshütchen als Ziellinie. Es handelt sich bei dieser Übung um eine Kombinationsübung, bei der aus einer Serie seitlicher Jumps heraus ein maximaler Sprint über eine festgelegte Distanz absolviert wird. Diese Übung belastet die vierköpfigen Schenkelstrecker, die hintere Oberschenkelmuskulatur, Hüftbeuger, Zwillingswaden- und Gesäßmuskeln. Darüber hinaus wird die Koordination, die Sie für schnelle Richtungswechsel benötigen, geschult. Diese Übung ist geeignet für Tennis-, Basketball-, Baseball- und Footballspieler sowie für Sportler vieler anderer Disziplinen, bei denen Richtungswechsel eine wichtige Rolle spielen.

Ausgangsstellung

Stehen Sie mit nebeneinanderstehenden, gerade nach vorne gerichteten Füßen an einer Seite der Bank. Die Markierungshütchen stehen als Ziellinie 15 bis 20 m in gerader Richtung von der Startposition entfernt.

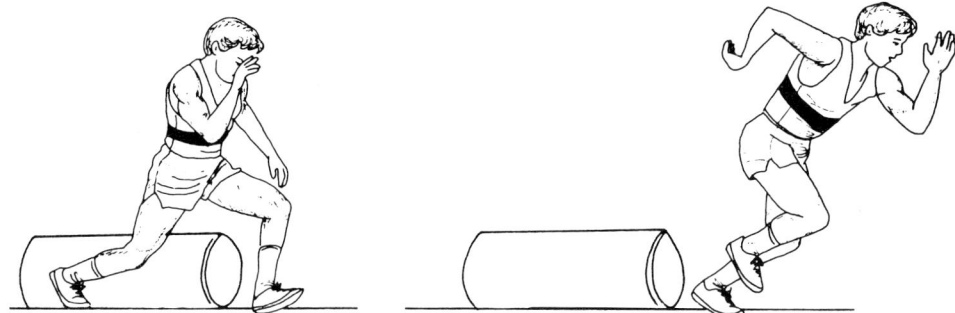

Handlungsfolge

Beginnen Sie, indem Sie vor und zurück über die Bank springen (4 bis 10 Wiederholungen). Im Anschluß an die Landung nach dem letzten Sprung sprinten Sie maximal geradeaus bis über die Ziellinie. Zwei Personen können diese Übung gleichzeitig absolvieren, wenn zwei Bänke bzw. ähnliche Hindernisse zur Verfügung stehen. Es ist klar, daß derjenige, der die vorher festgelegte Zahl der Sprünge am schnellsten absolviert, eine größere Chance hat, die Ziellinie als Erster zu überqueren. Diese Tatsache zwingt beide Sportler, die Sprünge so schnell wie möglich zu absolvieren, worin gleichzeitig das Hauptziel der Übung besteht. Antizipieren Sie die letzte Landung, um sogleich den Sprint anschließen zu können. Die Betonung liegt nicht auf der Höhe der Sprünge, sondern auf der Frequenz der Bewegungsausführung. Halten Sie Rumpf und Hüfte über der Bank zentriert, und bewegen Sie Ihre Beine schnell von einer Seite der Bank auf die andere.

Absolvieren Sie diese Übung in 3 bis 5 Sätzen von je 4 bis 10 Sprüngen und 1 Sprint. Machen Sie zwischen den Sätzen eine Pause von jeweils 1 bis 2 Minuten.

Leaps

Übung: Schneller Leap

Für den schnellen Leap benötigen Sie eine weiche Landefläche (Gras oder Ringermatte) und eine Bank bzw. einen Hocker oder Kasten, der ca. 30 bis 60 cm hoch ist. Zu den bei dieser Übung belasteten größeren Muskelgruppen gehören die Hüftbeuger, vierköpfigen Schenkelstrecker, die hintere Oberschenkelmuskulatur, die Gesäß-, Lenden- und Schultermuskeln. Diese Übung ist sinnvoll für Volleyballer, Football- und Basketballspieler sowie für Wasserspringer und Gewichtheber.

Ausgangsstellung

Stellen Sie sich mit nebeneinanderstehenden Füßen halb aufgerichtet vor den Kasten (Abstand: etwa 35 bis 50 cm). Halten Sie die Arme leicht gebeugt an den Seiten Ihres Körpers.

Handlungsfolge

Springen Sie explosionsartig aus der Ausgangsstellung mit Hilfe eines ener-
gischen Armschwungs auf den Kasten zu. Halten Sie während der Flugphase
Ihre Knie hoch vor den Hüften, und ziehen Sie Ihre Fersen zum Gesäß hin.
Landen Sie mit der ganzen Fußsohle auf dem Kasten, wobei Sie eine halbe
Kniebeugestellung einnehmen, um den Schock zu absorbieren. Stoßen Sie sich
sogleich wieder ab, wobei Sie Ihren Körper strecken. Schließen Sie den Bewegungsablauf ab, indem Sie mit den ganzen Fußsohlen auf dem Boden landen.
Beugen Sie die Kniegelenke zwecks Dämpfung. Führen Sie den einleitenden
Sprung zum Kasten hin so schnell wie möglich aus. Dieser Sprung sollte nur so
hoch sein, daß Sie auf dem Kasten landen können. Antizipieren Sie und konzentrieren Sie sich auf den explosionsartigen Sprung vom Kasten; achten Sie
darauf, daß Ihr Körper während dieses zweiten Sprungs überstreckt ist. Diese
Übung kann variiert werden, indem Sie nur mit einem Fuß auf dem Kasten landen und auch den Leap vom Kasten daher nur mit einem Sprungbein ausführen.

Übung: Tief-Jump-Leap

Für diese Übung benötigen Sie 2 Kästen (oder Bänke), von denen einer
etwa 45, der andere etwa 75 cm hoch ist. Suchen Sie sich einen elastischen Lan-
dungsuntergrund, z.B. Grasboden oder eine Ringermatte. Zu den bei dieser
Übung beanspruchten großen Muskelgruppen gehören die vierköpfigen Schenkelstrecker, die hintere Oberschenkelmuskulatur, die Gesäßmuskeln, Hüftbeuger und die Zwillingswadenmuskeln. Diese Übung ist besonders geeignet für
Gewichtheber, Basketball- und Volleyballspieler, Ski- und Wasserspringer.

Ausgangsstellung

Stellen Sie sich auf den höheren Kasten, die Arme an den Seiten angelegt;
die Füße sollten nebeneinander stehen, und der Vorderteil der Füße sollte wie
beim Tief-Jump über den Kastenrand hinausragen. Der niedrigere Kasten steht
etwa 60 cm vor dem höheren Kasten.

Handlungsfolge

Beginnen Sie, indem Sie sich wie beim Tief-Jump von dem höheren Kasten fallen lassen und mit beiden Füßen gleichzeitig auf dem Boden landen. Springen Sie von dort aus sofort wieder ab auf den niedrigeren Kasten; landen Sie auf beiden Füßen oder nur einem Fuß, springen Sie dann so intensiv wie möglich nach vorne-oben ab, wobei Sie Ihre Arme sprungunterstützend einsetzen und Ihren Körper überstrecken. Schließen Sie die Übung ab, indem Sie beidfüßig auf dem Boden landen und stoßabsorbierend Ihre Knie beugen. Konzentrieren Sie sich auf einen sehr schnellen, explosiven Tief-Jump; überwinden Sie die Landungskraft und nutzen Sie den Rückstoß, um auf den niedrigeren Kasten zu springen. Achten Sie darauf, sich mit dem Landebein kräftig vom niedrigeren Kasten abzudrücken.

Wir schlagen 3 bis 6 Sätze mit jedem Bein vor; zwischen den Leaps sollten Erholungspausen von 1 Minute Dauer eingelegt werden.

Skips

Übung: Skipping

Skippings mit kompletter Beugung im Kniegelenk sind eine ausgezeichnete Übung zum Trainieren der für lange, beschleunigte Schritte verantwortlichen Muskeln: Gesäßmuskel, Zwillingswadenmuskel, vierköpfige Schenkelstrecker, hintere Oberschenkelmuskulatur und Hüftbeuger. Die Lendenmuskeln, Bauch- und Schultermuskeln sind ebenfalls betroffen. Führen Sie die Übung auf einem flachen, halbelastischen Untergrund aus. Diese Übung ist hervorragend für Hochspringer geeignet.

Ausgangsstellung

Stellen Sie sich entspannt hin, ein Bein ist leicht vorgestellt.

Handlungsfolge

Drücken Sie sich mit dem hinteren Bein ab, leiten Sie einen kleinen Skipping-Schritt ein; ziehen Sie dann das Knie des anderen Beins bis zur Brust; wiederholen Sie diese Bewegung nach der Landung mit dem anderen Bein. Führen Sie die Bewegung nach folgendem Muster aus: rechts-rechts-Schritt-links-links-Schritt-rechts-rechts. Versuchen Sie nach jedem kleinen Schritt (Skip) soviel Höhe und Explosivkraft wie möglich zu erreichen. Denken Sie daran, das Knie impulsiv und schnell hochzuziehen, um eine maximale Höhe zu erzielen. Setzen Sie auch Ihre Arme ein, um nach jedem Skip das Heben Ihres Körpers einzuleiten. Konzentrieren Sie sich darauf, daß Ihr Körper lange Zeit in der Luft bleibt, und minimieren Sie die Dauer des Kontakts Ihrer Füße mit dem Boden.

Wir schlagen 3 bis 6 Sätze von je 10 bis 20 Skips vor. Die Pausen zwischen den Sätzen sollten 2 Minuten lang sein.

Übung: Kasten-Skip

Für diese Übung benötigen Sie 2 bis 4 Kästen in einer Höhe von 30 bis 60 cm. Diese Übung spricht die Gesäßmuskeln, die Zwillingswadenmuskeln, die vierköpfigen Schenkelstrecker, die hintere Oberschenkelmuskulatur, die Hüftbeuger und die Bauchmuskeln an. Die Übung ist vor allem für Basketballer, alpine Skiläufer und Läufer geeignet.

Ausgangsstellung

Stellen Sie die Kästen in beliebiger Reihenfolge der Höhen in einem Abstand von 60 bis 90 cm auf. Stellen Sie sich aufrecht in einem Abstand von 60 cm vor den ersten Kasten auf. Ein Bein ist etwas vorgestellt. Die Arme hängen entspannt an den Seiten.

Handlungsfolge

Drücken Sie sich mit dem hinteren Bein ab, und versuchen Sie, mit dem Knie des anderen Beins soviel Höhe wie möglich zu erreichen. Schwingen Sie Ihre Arme zur Unterstützung des explosiven Absprungs nach vorne-oben. Zie-

hen Sie im Moment der Landung auf dem Kasten das Knie Ihres anderen Beins nach oben, und versuchen Sie wiederum, eine maximale Höhe zu erreichen. Der bei dieser Bewegung gewonnene Impuls wird eingesetzt, um von dem ersten Kasten zu springen. Die Landung auf dem Boden zwischen dem ersten und zweiten Kasten erfolgt mit dem gleichen Bein, mit dem die Landung auf dem ersten Kasten erfolgte, daher handelt es sich um einen Skip. Setzen Sie das Bein, mit dem Sie auf dem Boden landen, ein, um sich in Richtung des nächsten Kastens abzudrücken; landen Sie allerdings auf diesem Kasten mit dem anderen Bein. Setzen Sie diese Handlungsfolge über die restlichen Kästen fort, und konzentrieren Sie sich darauf, das jeweilige Knie schnell und mit maximaler Kraft hochzuziehen. Versuchen Sie, nach jedem explosiven Absprung eine maximale Höhe zu erzielen, und denken Sie an eine lange Flugphase.

Wir schlagen 6 Sätze von Skips über 4 Kästen bei 2minütigen Satzpausen vor.

Ricochets

Übung: Ricochets bergan

Für die Ausübung von Ricochets bergan benötigen Sie eine Treppe (z.B. Tribünentreppe). Die Treppe sollte solide sein, d.h., zwischen den Stufen sollten sich keine Öffnungen befinden, so daß Zehen oder Füße nicht hängen bleiben können. Diese Übung dient der Verbesserung der reflexiven Schnelligkeit und ist besonders geeignet für Football-, Basketball-, Fußball-, Baseball- und Tennisspieler sowie Ringer. Die Beuger der Unterschenkel und die stabilisierenden Sprunggelenkmuskeln sowie die Oberschenkeladduktoren und -abduktoren werden bei dieser Übung belastet.

Ausgangsstellung

Stellen Sie sich mit dem Gesicht zur Treppe gerichtet aufrecht auf. Ihre Füße sollten nebeneinander stehen, und Ihre Arme sollten an den Seiten mit leicht gewinkelten Ellenbogen hängen.

Handlungsfolge

Bewegen Sie sich mit der höchstmöglichen Frequenz die Treppe hinauf, ohne zu stolpern. Setzen Sie Ihre Arme gleichgewichtsstabilisierend sowie absprungunterstützend ein. Bei dieser Übung kommt es vor allem auf Bewegungsschnelligkeit an; antizipieren Sie, schnell von einer Stufe zur anderen zu hüpfen. Achten Sie auf Leichtfüßigkeit.

Sie können diese Übung variieren, indem Sie sich in einem Winkel (nach rechts oder links) zur Treppe hin oder sich ganz seitlich zur Treppe stellen. Die Ricochets können auch einbeinig ausgeführt werden, wenn die zweibeinige Variante beherrscht wird.

Absolvieren Sie 2 bis 3 Sätze von je 10 bis 12 Stufen mit etwa 2minütigen Satzpausen. Joggen Sie nach jedem Satz die Treppenstufen langsam abwärts.

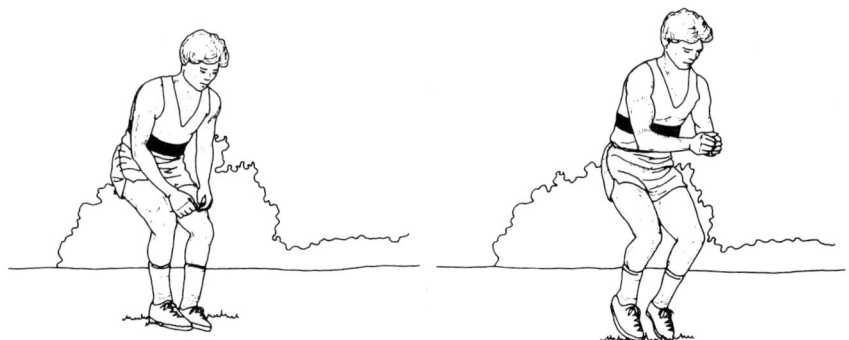

Übung: Ricochets bergab

Diese Übung wird aus Sicherheitsgründen an einem Grashang (Neigung: 2 bis 4 Grad) durchgeführt. Vierköpfige Oberschenkelmuskel, Zwillingswadenmuskel, die Beuger der Unterschenkel und Sprunggelenke sowie die stabilisierenden Muskeln der Kniegelenke werden bei dieser Übung belastet. Des weiteren werden neuromuskuläre Prozesse, die bei schnellen, koordinativen Bewegungen beansprucht werden, trainiert.

Ausgangsstellung

Stellen Sie sich entspannt und aufrecht auf den Gipfel des Hügels; Ihr Blick sollte bergab gerichtet sein. Ihre Füße sollten schulterbreit auseinanderstehen.

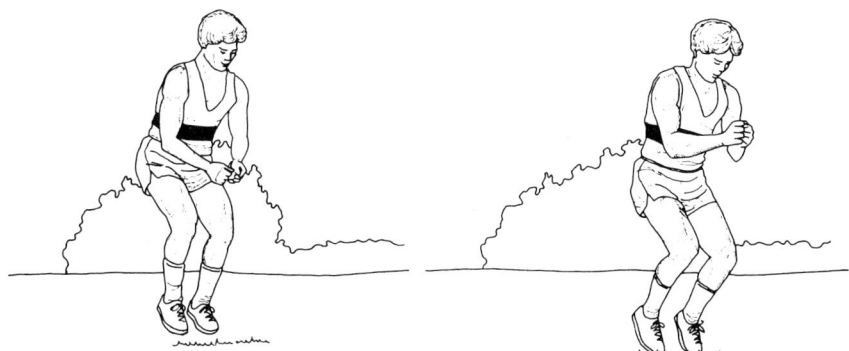

Handlungsfolge

Absolvieren Sie eine Serie von sehr kurzen, schnellen Bewegungen den Hang hinab. Sie sollten so schnell wie möglich vorwärts „prellen", ohne vorne-über zu fallen. Halten Sie die Arme zwecks Gleichgewichtsunterstützung mit gebeugten Ellenbogengelenken und nach oben zeigenden Daumen an den Sei-ten. Konzentrieren Sie sich darauf, jeden Kontaktpunkt anzublicken und sehr leichtfüßig zu sein.

Absolvieren Sie 3 bis 5 Sätze von je 10 bis 20 Wiederholungen; legen Sie zwischen den Sätzen 1minütige Pausen ein.

Kapitel 6
Rumpf

Kippen

Übung: Bodenkippe

Für diese Übung benötigen Sie einen weichen, flachen Untergrund wie z.B. eine Ringermatte oder dickes Gras. Bei Kippen werden sowohl die Hüft-, Bauch-, Lenden-, Schulter-, Delta- und Armmuskeln als auch die vierköpfigen Oberschenkelmuskeln und die hintere Oberschenkelmuskulatur beansprucht. Diese Übung stellt hohe Anforderungen an die Koordination und die Explosivkraft; sie verlangt den Einsatz des gesamten Körpers und ist besonders geeignet für Turner, Ringer, Gewichtheber und Wasserspringer.

Ausgangsstellung

Gehen Sie in die Sitzstellung; Ihre Beine sollten zusammenstehen und Ihre Füße spitz nach vorne gerichtet sein.

Handlungsfolge

Rollen Sie mit geschlossenen und gestreckten Beinen so weit zurück, daß Ihre Füße hinter Ihren Kopf gelangen, wie bei einer Rolle rückwärts. Setzen Sie gleichzeitig die Hände mit den Handflächen nach unten und gestreckten Fingern an beiden Seiten des Kopfes auf den Boden. Ihr Körper befindet sich jetzt in einer halb nach oben gestreckten Position. Leiten Sie die Kippphase ein, indem Sie Ihre Beine rasch nach oben-vorne strecken und dabei gleichzeitig mit den Händen gegen den Boden drücken. Strecken Sie Ihre Hüfte und Arme jetzt nach vorne, beugen Sie Ihre Beine und bringen Sie sie in Antizipation der Landung unter den Körper. Landen Sie in einer halben Kniebeugestellung. Achten Sie darauf, aus der einleitenden Rolle rückwärts in die nach oben halb gestreckte Position zu gelangen. Konzentrieren Sie sich darauf, mit Ihrem gesamten Körper nach oben zu explodieren, und achten Sie darauf – wenn Sie sich in der Luft befinden –, Hüfte und Arme schnell nach vorne zu verlagern.

Absolvieren Sie 3 bis 5 Sätze von je 2 bis 3 Kippen (Satzpausen: etwa 2 Minuten).

Schwünge

Übung: Horizontalschwung

Für diese Übung benötigen Sie eine 7 bis 14 kg schwere Kurzhantel oder einen ähnlichen, gleich schweren Gegenstand. Diese Übung beansprucht die Schulter- und Armmuskeln sowie die hinteren, seitlichen und vorderen Rumpfmuskeln. Sie ist hervorragend geeignet zur Entwicklung der Rumpfkraft und ist vor allem empfehlenswert für Baseball-, Golf-und Hockeyspieler, Kugelstoßer und Diskuswerfer sowie Footballspieler und Schwimmer.

Ausgangsstellung

Füße und Hüften sollten rechtwinklig zum Körper stehen. Stehen Sie bequem. Halten Sie die Hantel mit ausgestreckten Armen mit beiden Händen vor Ihrer Brust; Ihre Ellenbogen müssen leicht gebeugt sein.

94

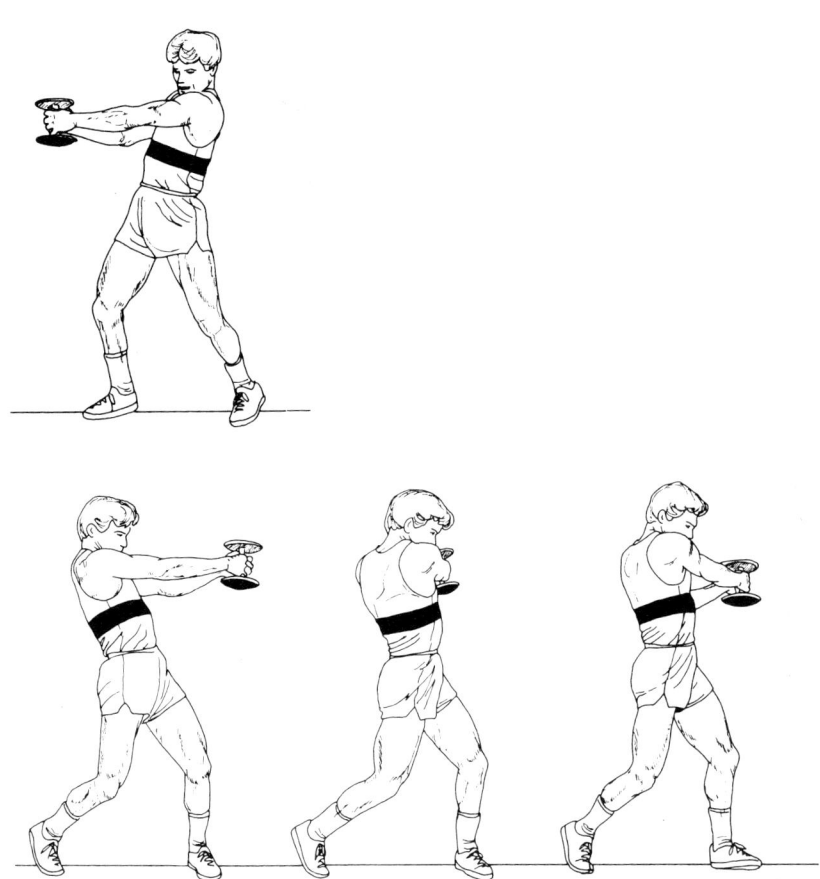

Handlungsfolge

Leiten Sie eine Drehbewegung ein, indem Sie mit Schulter und Armen zu einer Seite ziehen. Wenn der Drehimpuls zunimmt, beginnen Sie, diese Bewegung abzubremsen, indem Sie mit der anderen Schulter und dem anderen Arm in die entgegengesetzte Richtung ziehen. Beginnen Sie die Bremsbewegung, bevor der Oberkörper maximal in eine Richtung gedreht wurde; d.h., nutzen Sie den in eine Richtung gehenden Impuls als Belastung zur Erzeugung einer plyometrischen Antwort in die andere Richtung. Der Impuls sollte sowohl aus den Schultern und Armen als auch aus dem Oberkörper kommen, der Hüft- und Beineinsatz auf ein Minimum reduziert sein.

Absolvieren Sie 3 bis 6 Sätze von je 10 bis 20 Wiederholungen mit Satzpausen von etwa 1 Minute Länge.

Übung: Vertikalschwung

Verwenden Sie eine Kurzhantel oder einen ähnlichen Gegenstand im Gewicht von 7 bis 14 kg, wie beim Horizontalschwung. Bei dieser Bewegung werden Schulter-, Arm-, Lenden-, Brust- und die vordere Rumpfmuskulatur beansprucht. Der Vertikalschwung ist ebenfalls eine effektive Übung für die beim Horizontalschwung genannten Sportler. Darüber hinaus profitieren von dieser Übung noch Gewichtheber, Skilangläufer, Ringer, Volleyballspieler und Schwimmer.

Ausgangsstellung

Fassen Sie die Hantel mit beiden Händen, und lassen Sie sie in der halben Kniebeugestellung mit gestreckten Armen zwischen Ihren gespreizten Beinen hängen. Ihr Rücken sollte gerade und Ihr Kopf aufgerichtet sein.

Handlungsfolge

Halten Sie die Arme gestreckt, und schwingen Sie die Hantel zunächst nach oben und dann wieder nach unten. Widerstehen Sie dem Impuls der Hantel in eine Richtung, indem Sie diesen Impuls abrupt abbremsen und aus dieser Abbremsbewegung die Bewegung in die entgegengesetzte Richtung einleiten. Versuchen Sie die Belastung auf den Schultergürtel und die obere Rückenmuskulatur zu begrenzen und Bewegungen der Hüfte und der Beine so gering wie möglich zu halten.

Drehungen

Übung: Medizinballdrehung/-wurf

Ein 4 bis 7 kg schwerer Medizinball ist für diese Übung ideal. Mit Hilfe dieser Übung trainieren Sie Ihre Bauchmuskeln, den breiten Rückenstrecker, die schrägen Bauchmuskeln, die Lenden- und Hüftmuskeln sowie die zweiköpfigen Oberarmmuskeln und Brustmuskeln. Medizinballdrehungen sind besonders geeignet für Wurf- und Schwungbewegungen.

Ausgangsstellung

Halten Sie den Ball in Hüfthöhe nahe an Ihrem Körper. Ihre Füße stehen etwas weiter als schulterbreit auseinander.

98

Handlungsfolge

Leiten Sie die Bewegungshandlung ein, indem Sie den Rumpf rasch in die dem beabsichtigten Wurf entgegengesetzte Richtung drehen. Stoppen Sie die Einleitungsbewegung abrupt mit einer schnellen und kräftigen Drehung in die entgegengesetzte Richtung ab. Werfen Sie den Ball ab, nachdem Sie eine maximale Verwringung erreicht haben. Konzentrieren Sie sich auf eine rasche, reaktive nachgebende Bewegung, bevor Sie sich in Wurfrichtung drehen. Setzen Sie Ihre Hüfte sowie Ihre Schultern und Arme ein.

Übung: Drehung mit Hantelstange

Bei dieser Übung wird eine 9 bis 22 kg schwere Hantelstange verwendet. Die Bewegung ähnelt dem horizontalen Schwung, mit der Ausnahme, daß die Drehung mit Hantelstange mehr die Rumpfmuskulatur beansprucht unter nur geringer Einbeziehung der Schulter- und Armmuskulatur. Die Übung eignet sich für Basketballer, Skilangläufer, Schwimmer, Ringer, Golfer, Tennisspieler und für Werfer.

Ausgangsstellung

Stellen Sie sich aufrecht hin, und nehmen Sie die Hantelstange auf Ihre Schultern. Halten Sie sie so weit wie möglich vom Stangenzentrum entfernt mit beiden Händen fest. Die Füße sollten etwas mehr als schulterbreit auseinanderstehen.

Handlungsfolge

Drehen Sie den Oberkörper in eine beliebige Richtung; bevor der Rumpf die Drehung beendet hat, leiten Sie die Bewegung in die Gegenrichtung ein. Wiederholen Sie diese Bewegungssequenz, wobei Sie die Stange aktiv erst in die eine, dann in die andere Richtung bewegen. Achten Sie darauf, daß Sie Ihre Oberkörpermuskulatur einsetzen, um dem Drehimpuls der Stange nachgeben und ihn überwinden zu können.

Absolvieren Sie 3 bis 5 Sätze von je 20 bis 30 Wiederholungen; ruhen Sie sich 1 Minute zwischen den Sätzen aus.

Beugebewegungen

Übung: Situps und Medizinballwurf

Bei dieser Übung wird ein 4 bis 7 kg schwerer Medizinball zwischen zwei Partnern hin- und hergeworfen. Diese Übung belastet direkt die Schulter-, Arm- und Bauchmuskeln und ist geeignet für Ringer, Skilangläufer, Turner und Footballspieler.

Ausgangsstellung

Die Partner sitzen sich auf dem Fußboden gegenüber. Die Füße sind ineinander verschränkt. Ein Partner hält den Ball über seinem Kopf, während sein Gegenüber, den Wurf antizipierend, seine Arme über seinem Kopf hält, um den Ball zu fangen.

Handlungsfolge

Der Ball wird beidarmig über Kopf geworfen. Die Wucht des Balles im Moment des Fangens durch den Partner zwingt diesen, mit dem Oberkörper zurückzugehen, um den Schock zu absorbieren. Diese Rückwärtsbewegung wird mit den Bauchmuskeln aufgefangen und leitet das Zurückwerfen des Balles ein. Konzentrieren Sie sich darauf, den Ballwurf mit Hilfe der Rumpfmuskeln auszuführen und nicht mit den Arm- oder Schultermuskeln. Werfen Sie auf einen Punkt oberhalb des Kopfes Ihres Partners, so daß die Flugkurve länger ist und der Ball dadurch mehr Wucht erhält. Halten Sie Ihre Arme gestreckt über Ihrem Kopf.

Übung: Medizinballwurf mit den Beinen

Für diese Übung benötigen Sie einen 4 bis 7 kg schweren Medizinball sowie ein Reck oder eine ähnliche Konstruktion. Bei dieser Übung wird der gesamte Körper beansprucht, nicht nur Bauchmuskeln und Hüftbeuger, sondern auch der breite Rückenmuskel sowie die Arm- und Schultermuskeln. Die Übung ist geeignet für Gewichtheber, Fußballspieler, Turmspringer, Footballspieler und Turner.

Ausgangsstellung

Ein Partner hängt mit beiden Händen an der Stange bzw. einem an ihr befestigten Seil, so daß seine Füße so eben den Boden berühren. Der andere Partner steht 2 bis 3 m entfernt, bereit, den Ball zu rollen.

Handlungsfolge

Der Ball wird in Richtung des an der Stange hängenden Partners gerollt. Wenn dessen Füße den Ball berühren, klemmt er sich den Ball zwischen seine Füße und stoppt dessen Impuls, indem er seine Hüfte beugt und seine Beine nach hinten schwingt. Konzentrieren Sie sich darauf, Ihre Beine gestreckt zu halten und den Großteil der Gegenkraft durch die Hüftmuskulatur zu erzeugen. Der Ball wird vom Partner gefangen, und die Bewegungsfolge wird wiederholt.

Absolvieren Sie 2 bis 4 Sätze von je 8 bis 12 Wiederholungen; ruhen Sie sich zwischen den Sätzen je etwa 2 Minuten aus.

Streckbewegungen

Übung: Medizinballschaufelwurf

Für diese Übung benötigen Sie einen 4 bis 7 kg schweren Medizinball. Diese Übung belastet die Lendenmuskeln, die Hüftbeuger, die Muskeln des Schultergürtels, die Armmuskulatur und die vierköpfigen Schenkelmuskeln. Bei dieser Übung muß eine schnellkräftige Ganzkörperbewegung ausgeführt werden. Die Übung ist vor allem geeignet für Gewichtheber, Footballspieler, Volleyballer und Ringer.

Ausgangsstellung

Nehmen Sie eine halbe Kniebeugestellung ein. Halten Sie den Ball mit den gespreizten Fingern beider Hände zwischen Ihren Beinen. Strecken Sie Ihre Arme, halten Sie den Kopf aufrecht und Ihren Rücken gerade.

Handlungsfolge

Beginnen Sie die Bewegung, indem Sie Ihre Hüfte nach vorne stoßen und Ihre Schultern nach hinten bewegen, während Sie Ihre Arme die ganze Zeit über gestreckt halten. „Schaufeln" sie den Ball nach oben, indem Sie die Muskeln Ihres Schultergürtels und Ihrer Arme sowie Ihre Rücken-, Hüft- und Beinmuskeln einsetzen. Fangen Sie den Ball und führen Sie ihn wieder zwischen Ihre Beine, um die Bewegung zu wiederholen. Konzentrieren Sie sich auf die völlige Streckung Ihres Körpers bei jedem Wurf.

Absolvieren Sie 3 bis 6 Sätze von je 8 bis 10 Wiederholungen; ruhen Sie sich zwischen den Sätzen je ca. 1 Minute aus.

Kapitel 7
Oberkörper

Druck- und Stoßbewegungen

Übung: Brustpaß mit dem Medizinball

Verwenden Sie für diese Übung, die am besten mit einem Partner durchgeführt wird, einen 4 bis 7 kg schweren Medizinball. Bei dieser Übung werden die Armstrecker, Brustmuskeln, der breite Rückenmuskel, die Deltamuskeln sowie die Handgelenk- und Unterarmmuskeln beansprucht. Die Übung eignet sich sehr gut zum Training des Brustpasses beim Basketball, aber sie ist auch sehr sinnvoll für Gewichtheber, Ringer und Kugelstoßer.

Ausgangsstellung

Die Partner stehen oder knien sich gegenüber. Ein Partner hält den Ball in Brusthöhe, wobei seine Hände leicht hinter dem Ball liegen und die Arme so gebeugt sind, daß die Handrücken seine Brust berühren. Der andere Partner antizipiert das Fangen des Balles mit vor seiner Brust horizontal ausgestreckten Armen.

Handlungsfolge

Der Ball wird in einer schnellen Bewegung nach vorne gestoßen, wobei sich die Arme völlig strecken. Der andere Partner bremst den Impuls des Balls und stößt den Ball, bevor die Rückwärtsbewegung seiner Arme abgeschlossen ist, nach vorne zurück zu seinem Partner. Seine Arme folgen dem Ball nach. Diese Bewegungsfolge wird mehrere Male wiederholt.

Wir empfehlen 2 bis 4 Sätze von je 20 bis 30 Würfen mit Erholungspausen von je 2 Minuten zwischen den Sätzen.

Übung: Stoßen des Sandsacks

Für diese Übung benötigen Sie einen schweren Sandsack, der an einem Seil von der Decke hängt. Diese Übung belastet die Armstrecker, Brustmuskeln, Deltamuskeln, zweiköpfigen Oberarmmuskeln, die Kappen- und Bauchmuskeln sowie die äußeren schrägen Muskeln und die Hüftbeuger. Die Übung eignet sich besonders für Diskuswerfer, Kugelstoßer, Gewichtheber sowie Football- und Basketballspieler.

Ausgangsstellung

Stellen Sie sich in weiter Schrittstellung vor den Sandsack; der dem Sandsack nächste Fuß ist hinten. Drücken Sie die innere Hand in Brusthöhe gegen den Sack, so daß Ihre Finger nach oben zeigen; der Ellenbogen sollte sich nahe an Ihrem Körper befinden und Ihr Arm völlig gebeugt sein.

Handlungsfolge

Drücken Sie den Sandsack bei fixierten Füßen und dominantem Oberkörpereinsatz so schnell von Ihrem Körper weg wie möglich. Strecken Sie dabei Ihren Arm und Ihre Schulter maximal. Fangen Sie den zurückschwingenden Sack mit der offenen Hand ab, und bremsen Sie seinen Schwung unter Einsatz der Rumpf-, Arm- und Schultermuskeln. Drücken Sie den Sack von Ihrem Körper weg, bevor er seine Ausgangsstellung wieder erreicht hat. Konzentrieren Sie sich darauf, während der gesamten Übung eine gleichbleibende Körperstellung beizubehalten. Wechseln Sie die Seite und wiederholen Sie die Übung, wobei Sie Bewegungsschnelligkeit und -explosivität betonen.

Absolvieren Sie 3 bis 6 Sätze von je 10 bis 20 Stößen; ruhen Sie sich zwischen den Sätzen jeweils etwa 2 Minuten aus.

Schwünge

Übung: Armschwünge mit Kurzhanteln

Verwenden Sie bei dieser Übung Kurzhanteln oder ähnliche Gegenstände mit einem Gewicht von 4,5 bis 18 kg. Diese Übung belastet die Schulter- und Armmuskeln und simuliert die gegengleichen Armbewegungen beim Laufen oder Skilanglauf.

Ausgangsstellung

Halten Sie die Kurzhanteln fest in den Händen. Stellen Sie sich bequem hin, mit auseinandergestellten Füßen und Händen an den Seiten. Halten Sie Ihren Kopf gerade, und schieben Sie Ihre Schultern leicht nach vorne.

Handlungsfolge

Schwingen Sie einen Arm nach oben bis vor Ihren Kopf, während Sie den anderen Arm hinter Ihren Körper schwingen. Bevor die Arme maximale Streckung erreichen, bremsen Sie die Bewegung ab, indem Sie eine Bewegung in umgekehrte Richtung einleiten. Setzen Sie diese Wechselbewegungen fort, bis Sie etwa 20 bis 30 Schwünge absolviert haben. Sie können diese Übung variieren, indem Sie die Hanteln mit halb gebeugten Armen halten. Derartige „Lauf-Curls" simulieren sehr gut die Arm- und Schulteraktion beim Sprint. Versuchen Sie bei den Lauf-Curls schnelle Schwünge mit dicht am Körper gehaltenen Ellenbögen zu absolvieren.

Absolvieren Sie 2 bis 4 Sätze mit einer 2minütigen Pausen zwischen den Sätzen.

Übung: Schlag gegen den schweren Sack

Für diese Übung benötigen Sie einen schweren Sandsack, der von der Decke hängt. Bei dieser Übung wird die Bewegung eines Tennisschlags simuliert; die Übung eignet sich jedoch auch für Baseballspieler, Diskus- und Speerwerfer. Die Übung beansprucht die für Rumpfdrehungen verantwortlichen Muskelgruppen sowie die Arm- und Schultermuskulatur.

Ausgangsstellung

Stellen Sie sich aufrecht neben/vor den Sandsack. Ihre Füße sollten etwas mehr als schulterbreit auseinanderstehen. Legen Sie Ihren Unterarm bei gestrecktem Ellenbogengelenk in Schulterhöhe gegen den Sack.

114

Handlungsfolge

Beginnen Sie, indem Sie sich in der Hüfte drehen, Ihren Arm dabei gestreckt halten und den Sack mit dem Unterarm von sich stoßen. Setzen Sie diese Aktion fort, bis der Sandsack sich von Ihrem Körper fortbewegt. Fangen Sie den zurückschwingenden Sack mit der gleichen Armhaltung, mit der Sie ihn in Bewegung gesetzt haben. Bremsen Sie den Schwung des Sacks mit den gleichen Muskelgruppen, die Sie eingesetzt haben, um ihn nach vorne in Bewegung zu setzen, und schlagen Sie ihn dann erneut kräftig nach vorne.

Absolvieren Sie 2 bis 4 Sätze von je 10 bis 20 Schlägen mit jedem Arm.

Würfe

Übung: Medizinballwurf

Verwenden Sie für diese Übung einen 4 bis 7 kg schweren Medizinball. Schulter-, Arm-, Brust- und Rumpfmuskulatur werden bei dieser Bewegung, die einem Fußballeinwurf ähnelt, beansprucht. Die Übung ist jedoch auch gut geeignet für Skilangläufer, Basketballspieler, Ringer und Volleyballer.

Ausgangsstellung

Nehmen Sie eine kniende Stellung ein, wobei Ihre Knie etwa schulterbreit geöffnet sein sollten. Halten Sie den Ball mit gebeugten Armen fest in Ihren trichterförmig geöffneten Händen hinter Ihrem Kopf.

116

Handlungsfolge

Lehnen Sie sich leicht zurück, der Ball befindet sich hinter Ihrem Kopf; bremsen Sie diese nach hintenunten gerichtete Bewegung des Balles mit einer kräftigen nach vorne gerichteten Beugung des Oberkörpers ab. Folgen Sie dem weit nach vorne geworfenen Ball mit den Händen so weit wie möglich nach. Konzentrieren Sie sich darauf, Ihre Arme aus der Schulter und Brust nach vorne zu schleudern.

Absolvieren Sie 3 bis 6 Sätze von je 10 bis 20 Würfen; ruhen Sie sich zwischen den Sätzen etwa 2 Minuten aus.

Anhang A
Physiologische Grundlagen plyometrischer Übungen

In diesem Anhang können Sie aus wissenschaftlicher Sicht mehr über die Wirkungsweise des plyometrischen Trainings erfahren. Es wird detailliert auf neuromuskuläre Aspekte eingegangen und untersucht, warum sich plyometrisches Training als wirkungsvoll für die Verbesserung der Explosivkraft erwiesen hat. Obwohl die folgenden Ausführungen speziellerer und komplizierterer Art sind, werden Sie Ihnen helfen, die Vorgänge auf neuromuskulärer Ebene besser verstehen und einschätzen zu können.

Denken Sie daran, die Basis plyometrischer Bewegungen ist die reflexartige Kontraktion der Muskelfasern als Folge einer raschen Dehnung der gleichen Muskelfasern. Die primären sensorischen Rezeptoren, die eine rasche Muskelfaserdehnung registrieren, sind die Muskelspindeln, die sowohl auf die Stärke und die Frequenz einer Längenänderung der Muskelfasern reagieren. Eine andere Form von Dehnungsrezeptoren, die sogenannten Golgi-Sehnenorgane, sitzen in den Sehnen und reagieren auf übermäßige Spannungen als Folge kräftiger Kontraktionen und/oder Dehnungen der entsprechenden Muskeln. Von diesen beiden Rezeptoren sind vermutlich die Muskelspindeln für das plyometrische Training wichtiger. Beide sensorischen Rezeptoren üben ihre Funktion auf der Reflexebene aus. Obwohl es sich bei beiden Rezeptoren nicht um sen-

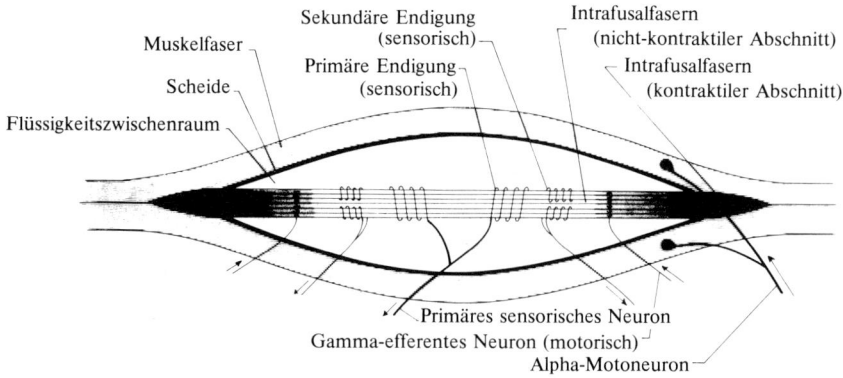

sorische Wahrnehmungsorgane handelt, vermitteln sie umfangreiche Informationen über das Rückenmark an das Gehirn (d.h. an das Großhirn und die Großhirnrinde) und sind daher sehr wichtige Elemente der übergreifenden sensorischen Steuerung durch das Zentralnervensystem.

Aus der sehr interessanten Struktur der Muskelspindeln läßt sich ableiten, wie diese Mechanorezeptoren bei plyometrischen Bewegungen funktionieren. Jede Muskelspindel besteht aus mehreren spezifischen Muskelfasern (von etwa 1 cm Länge), die intrafusale Muskelfasern genannt werden. Der mittlere Bereich der intrafusalen Fasern kann sich nicht kontrahieren, denn er enthält keines der kontraktilen Proteine Aktin oder Myosin. Die Endabschnitte der intrafusalen Muskelfasern, die an den Bindegewebshüllen der Skelettmuskelfasern ansetzen, enthalten jedoch Aktin und Myosin und sind daher zu Kontraktionen in der Lage. Es lassen sich zwei verschiedene Arten von intrafusalen Muskelfasern unterscheiden. Einige intrafusale Muskelfasern sind in ihrem mittleren Abschnitt verdickt. Bei diesen sogenannten Kern-Sack-Fasern füllen die Kerne über eine kurze Strecke den gesamten Querschnitt in dichter Anhäufung aus. Bei der zweiten Art von intrafusalen Muskelfasern – den dünneren sogenannten Kern-Ketten-Fasern – sind die Kerne im mittleren Abschnitt geldrollen- bzw. kettenförmig hintereinander angeordnet. Die Funktionsunterschiede zwischen diesen beiden intrafusalen Muskelfasertypen werden weiter unten ausführlicher besprochen.

Die Innervation der Muskelspindeln läuft komplex ab und bezieht sowohl sensorische als auch motorische Nerven ein. Die sensorische (efferente) Innervation spielt sich im wesentlichen im Zentrum der Kern-Sack-Fasern ab. Die afferenten Nervenendigungen (annulospirale Endigungen) umschlingen jede einzelne intrafusale Muskelfaser im Zentrum spiralartig. Es handelt sich hierbei um die eigentlichen Rezeptoren zur Feststellung von Änderungen der Intrafusalfaserlänge. Da die Intrafusalfasern mit ihren Endabschnitten fest an der Zell-

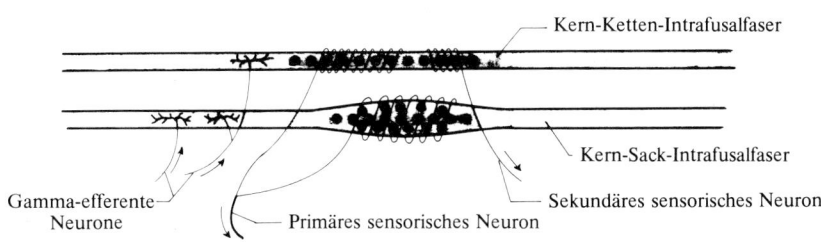

Kern-Ketten-Intrafusalfaser

Kern-Sack-Intrafusalfaser

Gamma-efferente Neurone

Primäres sensorisches Neuron

Sekundäres sensorisches Neuron

wand der Skelettmuskelfasern sitzen, führt jede Änderung der Muskelfaser-länge zu einer Änderung der Intrafusalfaserlänge und daher zu einer Bewegung der spiralartigen Endigung der sensorischen Rezeptoren.

Zusätzlich zu der primär sensiblen Endigung, die sich um das Zentrum der Kern-Sack-Fasern windet, besitzt das primäre sensorische Neuron auch noch Äste, die sich um das Zentrum der Kern-Ketten-Fasern schlingen. Die sensori-schen Neurone, die mit den primären Rezeptoren assoziiert sind, haben einen sehr großen Durchmesser (etwa 17 Mikrometer) und sind imstande, Nervenim-pulse mit einer Geschwindigkeit von 100 m pro Sekunde zum Rückenmark und Gehirn zu senden. Diese Geschwindigkeit entspricht der Geschwindigkeit, mit der auch andere im Organismus vorhandene Nervenfasern Impulse schicken.

Zusätzlich zu den annulospiralen Endigungen der primären Rezeptoren werden die Muskelspindeln von zwei weiteren sensorischen Endabschnitten – von denen jeweils einer auf beiden Seiten der annulospiralen Endigung sitzt – innerviert. Diese sekundären Rezeptoren sind jedoch nur mit den nichtkontra-hierenden Abschnitten der Kern-Ketten-Fasern verbunden. Sie winden sich um diese nichtkontraktilen Abschnitte ähnlich dem annulospiralen Endab-schnitt des primären Rezeptors. Der Durchmesser der afferenten Neurone in den Sekundär-Rezeptor-Endigungen ist viel geringer (etwa 8 Mikrometer) als der der Neurone der Primärrezeptoren. Diese sekundär sensiblen Endigungen sind daher nur in der Lage, Nervenimpulse mit einer Geschwindigkeit von un-gefähr 50 m pro Sekunde zum Rückenmark zu senden. Die kontraktilen Endi-gungen sowohl der Kern-Ketten- als auch der Kern-Sack-Fasern werden von efferenten (motorischen) Neuronen des Rückenmarks innerviert. Die Moto-neurone sind Bestandteile des gamma-efferenten Systems und stehen in kei-nem Zusammenhang mit den Alpha-Motoneuronen, die die Skelettmuskelfa-sern selbst innervieren. Einige der gamma-efferenten Neurone innervieren die Kern-Ketten-Fasern, während andere die Kern-Sack-Fasern innervieren.

Aus der bisherigen Beschreibung der Struktur und Innervation der Muskel-spindeln sollte deutlich geworden sein, daß die primären wie sekundären Rezeptoren auf verschiedene Weise innerviert werden können. Da die Endab-schnitte der intrafusalen Muskelfasern, um die sich die Endigungen der primä-ren Rezeptoren (annulospirale Endigungen) schlingen, an den Skelettmuskel-fasern ansetzen, führt jede Längenänderung der Muskelfaser (d.h. bei plötzli-chen Dehnungen im Rahmen sportlicher Bewegungen) zu einer Dehnung der Intrafusalfasern und damit auch der geschlungenen Endigungen der primären Rezeptoren. Das Sich-Aufdrehen der annulospiralen Endigung löst eine Salve von Nervenimpulsen aus, die über die afferenten sensorischen Neurone zum Rückenmark übertragen werden. Die kontraktilen Endigungen der intrafusalen Muskelfasern werden von gamma-efferenten Motoneuronen innerviert; eine auf diese Weise ablaufende Stimulation der intrafusalen Muskelfasern kann diese zur Kontraktion veranlassen, wodurch sich ihre Mittelabschnitte dehnen und folglich die primären Rezeptoren aktiviert werden. Dies kann selbst dann geschehen, wenn die Skelettmuskelfasern (an denen die intrafusalen Fasern ansetzen) nicht gedehnt werden.

Was ihre Gesamtfunktion angeht, sind Muskelspindeln zu zwei Reaktionsformen imstande (Guyton, 1981): einer statischen und einer dynamischen Reaktion. Eine statische Reaktion kann auftreten, wenn die intrafusalen Muskelfasern langsam gedehnt werden, was die Folge einer allmählichen Dehnung der Skelettmuskelfasern oder vielleicht einer direkten Stimulation der intrafusalen Fasern durch das gamma-efferente System sein kann. In beiden Fällen werden sowohl die primären wie sekundären spiralförmigen Rezeptoren langsam auseinandergezogen, wobei sie eine kontinuierliche Serie von Nervenimpulsen niedriger Intensität ausschicken. Wenn das Ausmaß der Dehnung zunimmt, steigt auch die Intensität der ausgesandten Nervenimpulse. Diese statische Reaktion kann mehrere Minuten anhalten, solange die Skelettmuskelfasern gedehnt bleiben.

Eine Eigenschaft aller sensorischen Rezeptoren ist ihre Fähigkeit, sich nach einer gewissen Dauer der kontinuierlichen Stimulation anzupassen. D.h., beim ersten Auftritt des Reizes ist die Reaktion des sensorischen Rezeptors noch sehr hoch; wenn allerdings der Reiz mit der gleichen Intensität langfristiger auftritt, nimmt die Reaktion auf diesen Reiz allmählich ab. In einigen sensorischen Rezeptoren, wie z.B. den Druckrezeptoren in der Haut, verläuft die Anpassung sehr schnell und ist in kürzerer Zeit als einer Sekunde abgeschlossen. In anderen Rezeptoren, wie z.B. den Muskelspindeln, kann jedoch die anfängliche Anpassung sehr langsam ablaufen, und es kann sein, daß selbst nach mehreren Minuten die Anpassung nicht völlig abgeschlossen ist. Muskelspindeln und andere Mechanorezeptoren, bei denen die Anpassung ähnlich langsam abläuft, sind daher in der Lage, die übergeordneten Systeme des Zentralen Nervensystems mit Informationen über den Kontraktionszustand der Muskeln und die Orientierung der Gliedmaßen zu beliefern. Auf diese Weise helfen sie dem Gehirn bei der übergreifenden motorischen Steuerung.

Bei der dynamischen Reaktion der Muskelspindeln wird der primäre Rezeptor durch eine schnelle Längenänderung der intrafusalen Faser, um die er sich windet, aktiviert. Wenn dies geschieht, sendet der Primärrezeptor zahlreiche Impulse zum Rückenmark. Die wichtige Variable bei der dynamischen Reaktion scheint die Abruptheit oder Schnelligkeit der Dehnung zu sein. Die dynamische Reaktion klingt genauso schnell ab, wie sie sich entwickelt hat. Danach nimmt die Muskelspindel wieder ihre statische Feuerungsintensität auf.

Diese dynamische Reaktion der Muskelspindel ist vermutlich das entscheidende funktionelle Element plyometrischer Bewegungen. Da die primären Rezeptoren mit den Kern-Sack-Fasern assoziiert sind, wird angenommen, daß diese Intrafusalfasern auch bei der Feststellung schneller Muskeldehnungen mitwirken. Die Kern-Ketten-Fasern werden sowohl von primären als auch sekundären Rezeptoren innerviert und spielen daher vermutlich besonders bei langsamen Dehnungen (statischen Reaktionen) eine Rolle.

So wie sich die beiden Arten von Intrafusalfasern funktionell differenzieren lassen in diejenigen, die mit statischen und diejenigen, die mit dynamischen Reaktionen assoziiert sind, so läßt sich dies auch bei den motorischen Neuronen des gamma-efferenten Systems tun. Anscheinend gibt es gamma-efferente Neurone, die die Kern-Sack-Fasern innervieren und die daher bei der Steuerung dynamischer Reaktionen eine wichtige Rolle spielen, und andere gamma-efferente Neurone, die die Kern-Ketten-Fasern innervieren und für die Steuerung statischer Reaktionen bedeutend sind. Das gamma-efferente System der Muskelspindeln kann daher die Reaktionsschwellen beider Arten von Intrafusalfasern auf Muskeldehnungen sowohl steigern als auch reduzieren. Wenn die dynamischen gamma-efferenten Neurone stimuliert werden, werden die Kern-Sack-Fasern vorgedehnt, wodurch erreicht wird, daß selbst die geringste äußere Dehnung der Skelettmuskelfasern den primären Rezeptor stimuliert. Die kontraktile Stimulation der Kern-Ketten-Fasern steigert das Output-Niveau statischer Reaktionen.

Die Hauptfunktion der Muskelspindeln ist das Auslösen des sogenannten Dehn- oder myotatitschen Reflexes, der als die Grundlage des plyometrischen Trainings angesehen wird. Wann immer die Muskelfasern durch äußere Kräfte abrupt gedehnt werden, wird die Muskelverlängerung von den Muskelspindeln registriert, und die dynamische Reaktion wird ausgelöst. Eine Impulssalve wird über das afferente Neuron des primären Rezeptors zum Rückenmark gesandt. Im Rückenmark werden die vom afferenten Neuron übertragenen Impulse unmittelbar auf ein Alpha-Motoneuron umgeschaltet und zurück zu den Skelettmuskelfasern geschickt. Als Folge kommt es zu einer Kontraktion der Skelettmuskelfasern und zu einer Überwindung der äußeren Kräfte.

Der Dehnungsreflex kann auch als langsamere Reaktion auftreten. Wenn der Muskel allmählich gedehnt wird, was zu einer Dehnung der Kern-Ketten-Fasern führt, die ihre Funktion während der statischen Reaktion der Muskelspindel ausüben, dann findet über entsprechende afferente Neurone eine langsamere, kontinuierliche Impulsübertragung zum Rückenmark statt; diese werden mit Alpha-Motoneuronen kurzgeschlossen, wodurch eine weniger intensive Kontraktion der Skelettmuskelfasern ausgelöst wird. Diese Kontraktion kann mehrere Minuten anhalten im Gegensatz zum dynamischen Dehnreflex, der normalerweise in weniger als einer Sekunde vorüber ist.

Es ist eine Voraussetzung plyometrischer Übungen, daß unmittelbar vor der Muskelkontraktionsphase eine abrupte Belastung der entsprechenden Muskeln (exzentrische oder nachgebende Phase) stattfindet. Bei Tiefsprüngen läßt sich der Übende z.B. von einer erhöhten Plattform zu Boden fallen; sobald seine Füße mit dem Boden in Kontakt treten, beginnen sich seine Beine schwerkraftbedingt zu beugen (kinetische Energie). Das Ausmaß der Kniegelenkbeugung im Moment des Aufpralls wird zu einem großen Teil durch das Aktivitätsniveau des Muskelspindelreflexes bestimmt. Wenn z.B. die gammaefferenten Neurone, die für die Steuerung des statischen Niveaus der Muskelspindeln verantwortlich sind, sehr aktiv sind, so daß sich der statische Reflex auf einem hohen Niveau befindet, wird selbst eine geringe Dehnung der vierköpfigen Schenkelstrecker (und daher auch der entsprechenden Muskelspindeln) eine sehr starke Kontraktion dieser Muskeln aufgrund des dynamischen Dehnreflexes verursachen.

Der Einfluß der gamma-efferenten Stimulation auf das Ausmaß und die Intensität des dynamischen Dehnreflexes ist sehr wichtig. Ein Verständnis dieser Beziehung ist wesentlich für die Entwicklung eines das Wesen des plyometrischen Trainings erklärenden Konzepts. Wenn z.B. beim Tiefsprung das Niveau der gamma-statischen efferenten Stimulation der Muskelspindeln der vierköpfigen Schenkelmuskeln sehr gering wäre, würde die Sensibilität der Spindel gegenüber plötzlichen Dehnungen unterdrückt werden, und die Effektivität des dynamischen Dehnreflexes wäre nahezu gleich null. Konsequenterweise könnte die Sprungphase der Übung (Kontraktion, überwindende Phase) nicht maximal ausgeführt werden. Wenn umgekehrt die gamma-statischen efferenten Neurone während der Übung mit hoher Frequenz feuern würden, würde die Schwelle zur Auslösung des dynamischen Dehnreflexes erheblich gesenkt werden; die geringste Dehnung der vierköpfigen Schenkelmuskeln bei der Landung würde einen kräftigen dynamischen Dehnreflex auslösen.

Viele der in Teil III beschriebenen plyometrischen Übungen enthalten Phasen, in denen die eine oder andere Muskelgruppe unmittelbar vor der explosiven (konzentrischen oder überwindenden) Phase in einer isometrischen Position gehalten wird. Der unmittelbar auftretende Reflexwiderstand, der zu verhindern versucht, daß die jeweilige Extremität abrupt aus der eingenommenen isometrischen Position bewegt wird, ist das Ergebnis des dynamischen Dehnreflexes. Auf willkürlichem, durch übergeordnete Hirnzentren gesteuerten Weg kann die Sensibilität des Dehnreflexes geändert werden, indem die Intensität der gamma-statischen Stimulation der Muskelspindel verändert wird.

Die Rolle des gamma-efferenten Systems im Hinblick auf die Abschwächung oder Steigerung des Reizbarkeitsgrades der Muskelspindeln ist auch außerordentlich wichtig im Rahmen der allgemeinen motorischen Steuerung. Einige Körperbewegungen müssen fließend und kontinuierlich ausgeführt werden, z.B. die tänzerischen und rhythmischen Bewegungen einiger asiatischer Kampfsportarten. Bei der Ausführung derartiger nichtexplosiver Bewegungen haben die gamma-efferenten Neurone die Funktion, die Reizbarkeit der Muskelspindeln durch auftretende Muskellängenänderungen abzuschwächen. Wenn jedoch schnelle und kräftige Bewegungen als Reaktion auf plötzliche Änderungen des resistiven Inputs, wie beim plyometrischen Training, verlangt werden, dann wird die unterdrückende Funktion des gamma-efferenten Systems erheblich abgeschwächt.

Die bewußte Steuerung des Reaktivitätsniveaus der Muskelspindeln ist durch das gamma-efferente System möglich. Daher kann man sich darauf konzentrieren, entweder fließende, kontinuierliche oder explosive, kräftige Bewegungen auszuführen. Die Gehirnzentren, von denen bekannt ist, daß sie mit der Steuerung des gamma-efferenten Systems betraut sind, sind Bereiche des Hirnstamms, Großhirns und die Großhirnrinde selbst. Die exakten Mechanismen, die bei dieser Kontrolle eine Rolle spielen, müssen noch erforscht werden. An dieser Stelle muß der Hinweis ausreichen, daß zwischen den Muskelspindeln und diesen Bereichen sehr komplexe Feedbackschleifen zur Kontrolle der Muskelkontraktion und der gesamten motorischen Steuerung bestehen.

Beim plyometrischen Training haben diese komplexen neuralen Mechanismen eine große Bedeutung. Vermutlich kommt es als Ergebnis des plyometrischen Trainings zu Veränderungen auf muskulärer wie auf neuraler Ebene, die dazu beitragen, daß Bewegungsfertigkeiten schneller, explosiver und damit effizienter ausgeführt werden können.

Bei der Steuerung der Muskelkontraktion spielen auch die Golgi-Sehnenorgane eine wichtige Rolle. Diese Mechanorezeptoren sind in der Sehne selbst gelagert und werden durch Spannungskräfte stimuliert, die durch die Kontraktion der Muskelfasern, an denen die Golgi-Sehnenorgane angelagert sind, erzeugt werden. Die Golgi-Sehnenorgane reagieren maximal auf plötzliche Spannungsanstiege und senden im Falle einer Spannungsabnahme kontinuierliche Impulse niedrigeren Niveaus aus.

Der Golgi-Sehnenreflex tritt auf, wenn die Muskelspannung zunimmt; an das Rückenmark übermittelte Impulse rufen eine hemmende Reaktion (negatives Feedback) bei den kontrahierten Muskeln hervor. Dadurch wird verhindert, daß in dem entsprechenden Muskel eine übermäßige Spannung auftritt. Die Golgi-Sehnenorgane sind eine Schutzinstanz, die verhindert, daß es unter Extrembedingungen zu einem Muskel- bzw. Sehnenriß kommt. Des weiteren können die Golgi-Sehnenorgane zusammen mit dem Muskelspindelreflex zu der Gesamtsteuerung der Muskelkontraktionen und körperlichen Bewegungen beitragen.

Die kontraktilen Elemente der Muskeln sind die Muskelfasern. Bestimmte Bestandteile der Muskeln können nicht kontrahieren: die Endabschnitte der Muskelfaserscheiden an den Stellen, an denen die Sehnen ansetzen, die Kreuzmembranen der Muskelfasern und die Sehnen. Diese nichtkontraktilen Bestandteile der Muskeln stellen zusammen die sogenannte serienelastische

Komponente dar. Neuere Forschungsergebnisse (Robertson, 1984) lassen die Annahme zu, daß die kontraktile Maschinerie der Muskelfasern selbst zur serienelastischen Komponente beitragen könnte.

Wenn ein Muskel kontrahiert, dehnt sich die serienelastische Komponente um 3 bis 5 % der Muskelfaserlänge. Ein Nylonseil, das einer zunehmenden Spannung ausgesetzt wird, reagiert ähnlich; es dehnt sich um einen gewissen Prozentsatz seiner Gesamtlänge, bevor es völlig stramm wird. Die Dehnung der serienelastischen Komponente während einer Muskelkontraktion erzeugt ein elastisches Potential, das sehr dem elastischen Potential einer gespannten Feder oder Bogensehne ähnelt. Wenn diese Energie freigesetzt wird, verstärkt sie bis zu einem gewissen Grad die von den Muskelfasern erzeugte Kontraktionsenergie.

In der exzentrischen oder nachgebenden Phase plyometrischer Bewegungen, wenn der Muskel abrupt gedehnt wird, wird auch die serienelastische Komponente gedehnt, was zur Speicherung eines gewissen Teils der Belastungskraft in Form elastischer potentieller Energie führt. Diese gespeicherte elastische Energie wird während der konzentrischen oder überwindenden Phase der Muskelkontraktion, die durch den myotatischen Reflex ausgelöst wird, freigesetzt.

Anhang B
Plyometrische Testverfahren

Test 1: Vertikalsprung

a) Der Sportler steht auf den ganzen Fußsohlen nahe an einem Pfahl oder einer Wand. Er streckt den der Wand/dem Pfahl nächsten Arm nach oben und macht mit seinen mit Kreide oder mit Klebeband versehenen Fingern eine Markierung so hoch an der Wand/dem Pfahl wie möglich.

b) Der Sportler befindet sich nach wie vor an der gleichen Stelle und springt mit beiden Beinen maximal kräftig ab. Er berührt die Wand mit einer Hand im höchsten Punkt der Flugkurve. Der Sportler sollte wiederum Kreide oder ein Klebeband an seinen Fingerspitzen haben, um an den beiden Kontaktstellen eine deutliche Markierung zu hinterlassen.

c) Der Abstand zwischen den beiden Markierungen ist die Sprung-Reich-Höhe des Sportlers. Die höchste (Sprung-)Markierung ist das Kriterium für den Tiefsprungtest.

d) Absolvieren Sie am besten insgesamt drei derartiger Sprungtests, wobei Sie zwischen den Tests 30 Sekunden verstreichen lassen, um dem Muskelsystem eine Erholungsphase zu gönnen.

Test 2: Tiefsprunghöhen

a) Verwenden Sie Kästen unterschiedlicher Höhe oder ein Treppenstufenge-rät, und lassen Sie Ihren Sportler von Höhen zwischen 30 und 106 cm auf einen Grasuntergrund oder eine feste, aber federnde Matte springen.

b) Im Moment der Landung sollte der Sportler sofort wieder nach oben abspringen und versuchen, die beim Vertikalsprungtest an der Wand ange-brachte Markierung zu erreichen bzw. zu übertreffen.

c) Der Sportler sollte solange die Fallhöhe steigern, bis es ihm nicht länger gelingt, die beim Vertikalsprungtest erzielte Höhe zu erreichen.

d) Die Fallhöhe, bei der die maximale vertikale Sprung- bzw. Reboundhöhe erreicht wurde, ist die Fallhöhe, mit der bei dieser Form des plyometrischen Trainings operiert werden sollte.

e) Legen Sie zwischen den Sprungversuchen eine etwa 1minütige Pause ein, so daß das Muskelsystem sich erholen kann.

Test 3: Kastensprungtest

a) Fordern Sie Ihren Sportler auf, sich unmittelbar vor einen Kasten, einen stabilen Tisch oder ein Treppenstufengerät zu stellen, dessen Oberkante sich etwa auf der mittleren Hüfthöhe des Sportlers befinden sollte.

b) Aus der Ausgangsstellung (beide Fußsohlen flach auf dem Boden) soll der Sportler mit ganzer Kraft auf den einen Armlänge entfernten Kasten oder Tisch springen.

c) Nach jedem erfolgreichen Versuch sollte die Höhe des Kastens/Tischs gesteigert werden, bis es für den Sportler schwierig oder unmöglich ist, auf den Kasten/Tisch zu springen.

d) Fordern Sie den Sportler auf, seine Hände schützend (d.h. abstoßend, auffangend oder bremsend) einzusetzen, wenn er nicht in der Lage ist, die Höhe im Sprung zu bewältigen. Auf diese Weise kann er einen Sturz auf den Kasten oder Tisch vermeiden. Legen Sie um den Kasten oder Tisch herum Matten aus, und setzen Sie Aufsichtspersonen ein, die dem Sportler im Falle eines Fehlversuchs helfen können.

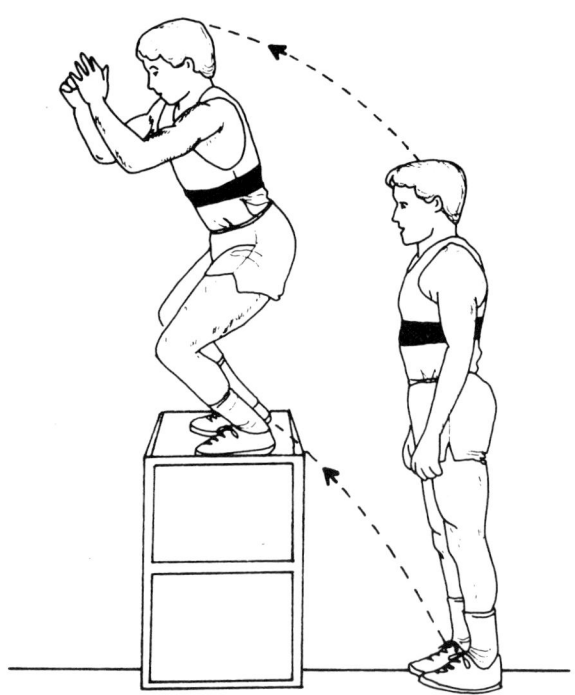

Test 4: Medizinballpaß

a) Der Sportler sitzt fest angeschnallt auf einem Stuhl mit gerader Rücken-lehne.
b) Er führt mit einem 4 bis 7 kg schweren Medizinball einen Brustpaß aus, bei dem er seine ganze Kraft einsetzt.
c) Die Strecke vom Stuhl bis zum Landeplatz des Balls entscheidet, wie schwer der Ball letztendlich sein sollte.
d) Alle Pässe unter 3 bis 4 m deuten darauf hin, daß es sinnvoller ist, mit einem leichteren Ball zu trainieren.

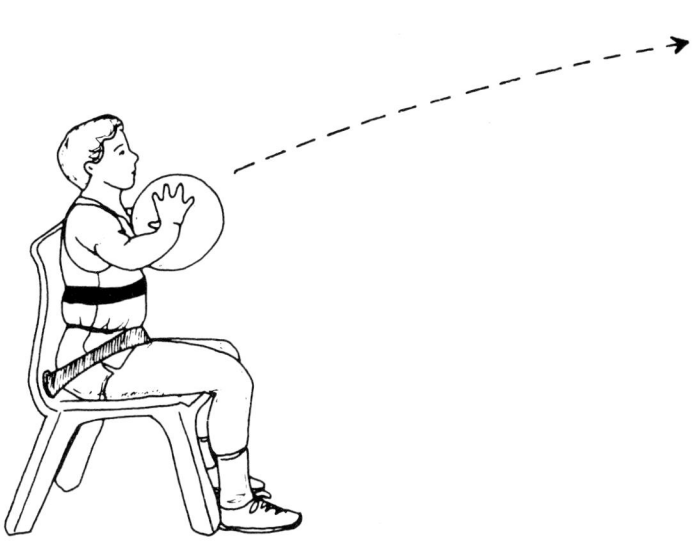

Anhang C
Hinweise zum Eigenbau von Geräten

Sprungkasten

Materialien
2 Latten 5 x 10 x 120 cm für den Deckel
2 Latten 5 x 10 x 40 cm für den Deckel
4 Verstrebungen 5 x 10 x 30 cm*
1 Sperrholzbrett 40 x 120 x 0,6 cm
2 Sperrholzbretter 30 x 120 x 0,6 cm*
2 Sperrholzbretter 30 x 40 x 0,6 cm*
46 Holzschrauben, 2,5 cm lang, zur Befestigung der Sperrholzbretter (3 pro Seite und 3 bis 5 pro Deckelseite)
  Umgeben Sie alle Ecken mit Aluminiumschutzkappen. Verwenden Sie etwa 8 Nägel zur Verbindung der Verstrebungen.
*Anmerkung: Die Höhe des Kastens kann zwischen 20 und 60 cm variieren.

Ansicht von unten

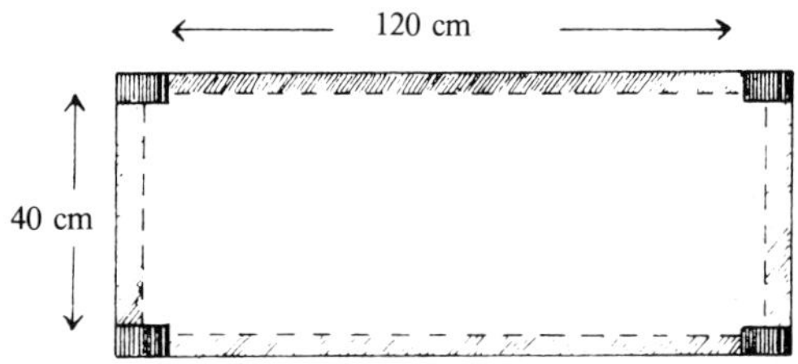

| | 120 cm | |

40 cm

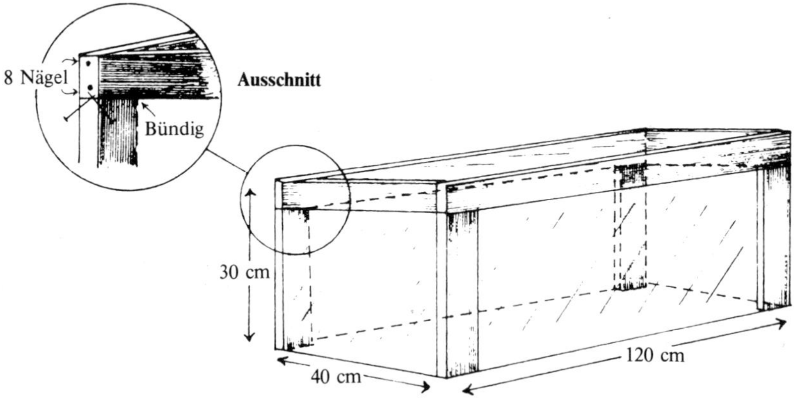

8 Nägel   **Ausschnitt**

Bündig

30 cm

40 cm   120 cm

Winkelkasten

Materialien
4 lange Latten 5 x 10 x 150 cm für den Rahmen (doppelt)
3 Mittelverstrebungen 5 x 10 x 18 cm
2 Endstützen 5 x 10 x 30 cm
2 Endstützen 5 x 10 x 33 cm
2 Mittelstützen 5 x 10 x 27 cm
6 Sperrholzbretter 38 x 33/38/48 cm x 1,3 cm
36 Holzschrauben, 2,5 cm lang, zur Befestigung der Oberfläche.
    Verwenden Sie etwa 8 Nägel zur Verbindung der Streben.

Anmerkung: Exakte Winkelgrößen sind bei diesem Kasten unwichtig. Wichtig
ist lediglich, daß jeder Winkel sich vom anderen unterscheidet.

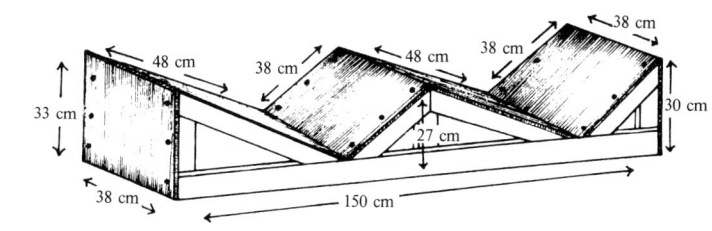

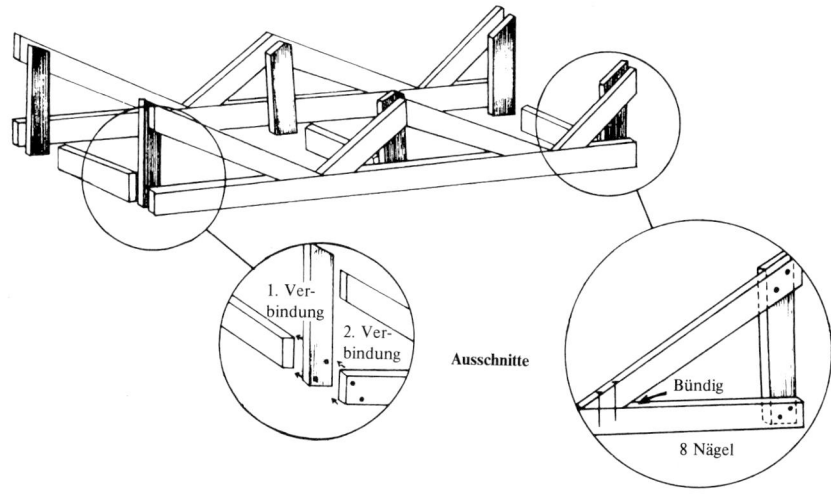

Winkelbrett

Materialien

5 Sperrholzblätter 1,3 x 30 cm x [*] (pro Kasten)
28 Holzzapfen oder Schrauben zum Zusammensetzen jedes Kastens

*Anmerkung: Die Größe der Bretter unterscheidet sich in Höhe und Oberflächenlänge je nach gewünschter Kastengröße.

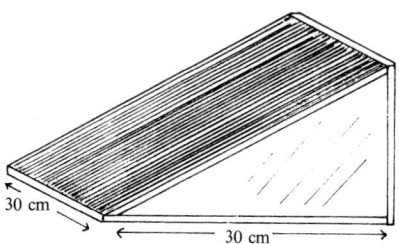

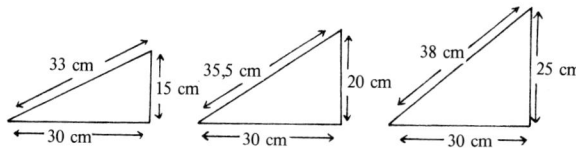

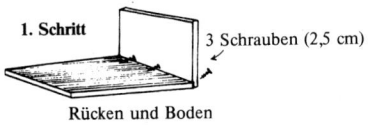

1. Schritt

3 Schrauben (2,5 cm)

Rücken und Boden

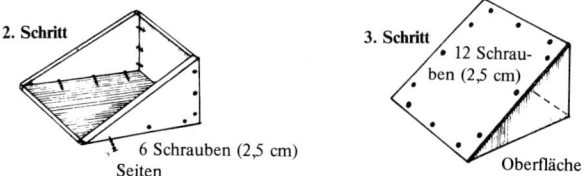

2. Schritt

6 Schrauben (2,5 cm)
Seiten

3. Schritt

12 Schrauben (2,5 cm)

Oberfläche

Literaturhinweise

Bosco, C., & Komi, P.V. (1979). Mechanical characteristics and fiber composition of human leg extensor muscles. *European Journal of Applied Physiology*, **41**, 275-284.

Bosco, C., & Komi, P.V. (1981). Potentiation of the mechanical behavior of the human skeletal muscle through prestretching. *Acta Physiologica Scandinavica*, **106**, 467-472.

Chu, D. (1983). Plyometrics: The link between strength and speed. *National Strength and Conditioning Association Journal*, **5**, 26.

Costello, F. (1984). Using weight training and plyometrics to increase explosive power for football. *National Strength and Conditioning Association Journal*, **6**(2), 22-25.

Gambetta, V. (1981). Plyometric training. In: V. Gambetta (Ed.), *Track and field coaching manual* (S. 58-59), West Point, NY: Leisure Press.

Guyton, A.C. (1981). *Textbook of medical physiology*. Philadelphia: W.B. Saunders.

Landis, D. (1983). Big skinny kids. *National Strength and Conditioning Association Journal*, **5**, 26-29.

McArdle, W., Katch, F.I. & Katch, V.L. (1981). *Exercise physiology, energy, nutrition and human performance*. Philadelphia: Lea & Febiger.

McFarlane, B. (1982). Jumping exercises. *Track & Field Quarterly Review*, **82**(4), 54-55.

Robertson, R.N. (1984). Compliance characteristics of human muscle during dynamic and static loading conditions (abstract). Clinical Symposium. *Medicine and Science in Sports and Exercise*, **16**, 186.

Sinclair, A. (1981). A reaction to depth jumping. *Sports Coach*, **5**(2), 24-25.

Tansley, J. (1980). *The flop book*. Santa Monica, CA: Peterson Lithograph.

Valik, B. (1966). Strength preparation of young track and fielders. Physical Culture in School. 4:28. In: *Yessis Translation Review (1967)* , 56-60.

Veroshanski, Y. (1966). Perspectives in the improvement of speed strength preparation of Jumpers. Track and Field 9:11. In: *Yessis Review of Soviet Pysical Education and Sports* (1969), **4**, 28-34.

Veroshanski, Y. (1967). Are depth jumps useful? Track and Field 12:9. In: *Yessis Review of Soviet Physical Education and Sports* (1968), **3**, 75.

Veroshanski, Y., & Chernousov, G. (1974). Jumps in the training of a sprinter. Track and Field 9:16. In: *Review of Soviet Physical Education and Sports* (1974), **9**, 62-66.

Wilt, F., & Ecker, T (1979). *International Track and Field Coaching Encyclopedia.* West Nyack, NY: Parker Publ.